W0076495

OTA FILIP

Die stillen Toten
unterm Klee

Ota Filip

Die stillen Toten unterm Klee

Wiedersehen mit Böhmen

Mit 23 Abbildungen

Langen Müller

Alle Abbildungen aus dem Archiv des Verfassers

2. Auflage 1997

© 1992 by Langen Müller
in der F. A. Herbig Verlagsbuchhandlung GmbH, München
Alle Rechte vorbehalten
Schutzumschlag: Christel Aumann, München,
Satz: Filmsatz Schröter GmbH, München
Gesetzt aus: 11/13 Punkt Else auf Linotronic 300
Druck und Binden: Wiener Verlag, Himberg
Printed in Austria
ISBN 3-7844-2417-I

INHALT

JOHANN GEORG REISSMÜLLER

STATT EINES VORWORTS

»ZWISCHEN TSCHECHEN UND DEUTSCHEN MUSS DIE FEINDSELIGKEIT BEGRABEN WERDEN«

Bald achtzehn Jahre lebt der tschechisch-deutsche Schriftsteller Ota Filip in Deutschland. Hier ist ihm die Verständigung, ein neuer Anfang zwischen Deutschen und Tschechen zu einer Lebensaufgabe geworden, neben der anderen, dem Romaneschreiben. Seit einem Jahr haben Kommunisten keine Macht mehr über seine Heimat, können sie also auch nicht mehr die Tschechen in unfreundlichem Abstand von den Deutschen halten. Muß dies nicht für Filip eine Zeit der Erfüllung sein?

Er schüttelt den Kopf: Nein, viel Neues, und das wäre Erfreuliches, im deutsch-tschechischen Verhältnis hat die neue Zeit nicht gebracht. Was bedeutet es schon, daß Tschechen jenseits der Grenze gute Waschmaschinen und Deutsche jenseits der Grenze billige Kochtöpfe kaufen? Die Tschechen seien, das erweise sich nun, auf die Lösung ihres Problems mit den Deutschen nicht vorbereitet. Die Prager Dissidenten und das tschechische Exil haben in ihrer Mehrheit die Vertreibung der Deutschen aus der Tschechoslowakei nach dem Zweiten Weltkrieg als Unrecht, mindestens als politischen Fehler erkannt. Filip weiß es; beiden Gruppen hat er nacheinander angehört. Doch die Bevölkerung der Tschechoslowakei habe das nicht aufgenommen. Das Deutschen-Problem, sagen zahllose Tschechen, ist gelöst – seit dem odsun, dem Abschub, wie die Vertreibung heute noch in der Tschechoslowakei genannt wird. So stieß Václav Havel in seinem Volk auf Unverständnis, als er sich im Dezember 1989 bei den Sudetendeutschen für die Vertreibung entschuldigte. Als der Bericht, den Ota Filip über den Todesmarsch der Brünner Deutschen Ende Mai und Anfang Juni 1945 voriges Jahr in der »Frankfurter Allgemeinen Zeitung« geschrieben hatte, auch in einer Brünner Literaturzeitschrift erschien, gab es einige »hysterische Reaktionen«, wie er sagt. Die Tschechen hätten gegenüber den Deutschen ihr Gewissen verloren. Wenn Filip darüber nachdenkt, gräbt er immer tiefer; am Schluß fragt er: Ist den Tschechen nicht überhaupt im letzten halben Jahrhundert der Sinn für Moral und Recht abhanden gekommen?

In seinem Elternhaus hieß es nach dem Prager kommunistischen Umsturz vom Februar 1948: Erst haben wir die Deutschen beraubt und verjagt, jetzt trifft es uns. Es traf sie besonders hart. Filips Vater war ein wohlhabender Kaufmann. Die Familie entsprach dem Bild des Klassenfeindes, wie die Kommunisten es sich malten. In ihr hatte auch der überlieferte tschechische Nationalismus keine Heimstatt. Der Vater war tschechischer und deutscher, die Mutter polnischer Herkunft; beide sprachen gut Deutsch. Mit Deutschen wie mit Polen spielte Ota Filip als Junge in Mährisch Ostrau auf der Straße; viele Erlebnisse von damals kehren in seinen Romanen wieder.

Vierzehn Jahre war er, als er in Prag sah, wie Deutsche mit dem Kopf nach unten an Laternenpfählen hingen und lichterloh brannten; wie ein Tscheche einer Deutschen, die unter Polizeibewachung Barrikaden wegräumte, den Säugling aus dem nahen Kinderwagen zog und mit dem

Kopf an die Mauer schlug, bis das Kind tot war. Entsetzt lief er weg. Das war im Mai 1945.

An der Prager Universität wählte er, wie viele andere seines Jahrgangs, Deutsch als zweite Fremdsprache neben dem obligatorischen Russisch. Beim sozialistischen Brigade-Einsatz zur Heuernte kam er in Dörfer, die nach der Austreibung ihrer deutschen Bewohner wie verwüstet dalagen. Als Rundfunkredakteur fand er Ende der fünfziger Jahre im nordböhmischen Graslitz deutsche Geigen- und Gitarrenbauer, Rest-Deutsche, die Tschechisch nur mühsam sprechen konnten. So unterhielt er sich mit ihnen fürs Radio in ihrer Sprache.

»NEHMEN SIE MICH AUF«

»Die Deutschen haben mich aus der Not befreit«, sagt Ota Filip. Wie das? Im Jahr 1974 – Filip hatte Entlassungen, Zurücksetzungen, Hilfsarbeiterjahre, auch vierzehn Monate Gefängnis hinter sich und vor sich keine Existenz – ging er zur westdeutschen Botschaft in Prag und bat: Nehmen Sie mich auf. Ein Telegramm von Genscher ebnete den Weg nach München, das Filip zur deutschen Heimat geworden ist.

Bestärkt es ihn nicht, daß Václav Havel die Sudetendeutschen um Verzeihung bat, daß die katholischen Bischöfe Deutschlands und der Tschechoslowakei im vergangenen Jahr in öffentlichen Erklärungen gewissenhaft und ohne Ausreden nachzeichneten, wie ihre Völker aneinander schuldig wurden? Gute, richtige Worte, sagt Filip; doch die Tschechen verstanden sie nicht. Wer heute in Böhmen und in Mähren unter Fünfzig ist, der weiß in der Regel nichts vom Unrecht an den böhmischen und mährischen Deutschen, und viele wollen auch nichts davon wissen.

Aufklären müsse man das Volk zuerst. Doch wer soll das tun? Die katholische Kirche hat es schon schwer genug mit den Tschechen, die nun in der Freiheit noch weniger in die Kirche gehen als vorher in der religionsfeindlichen Despotie. Zeitungen, Fernsehen, Schule müßten das dunkle Feld in der Zeitgeschichte und in der Geschichte erhellen. In Karlsbad sah Filip eine Gemäldegalerie, die kein einziges Bild eines deutschen Malers zeigt, der dort gelebt hat. Viele Prager glauben, Deutsche seien in ihre Stadt erst unter Hitler gekommen. In den Schulbüchern der Tschechoslowakei findet sich kein Wort über den Beitrag der Deutschen zur Geschichte des Landes. Daran wird sich nichts ändern, fürchtet Filip, solange die Politiker in der Tschechoslowakei, außer einigen wenigen, die Sache mit den Deutschen umgehen.

EIN STURM DER ABLEHNUNG

Aber nun verlangen manche Sudetendeutsche ihre Häuser und Felder zurück. In der Tschechoslowakei hat sich dagegen ein Sturm der Ablehnung erhoben. Auch Filip weiß nicht, wie sich dieser Knoten auflösen lasse. Aber er zweifelt an der Weisheit der tschechischen Abwehrparole »Keiner darf zurückkehren«. Wirklich keiner? Wenn ein Deutscher sein verfallenes Vaterhaus, wenn ein Unternehmer die verlassene Fabrik seines Vaters mit eigenem Geld wiederaufbauen möchte, soll man es ihnen dann verwehren? Es werden nicht viele Deutsche sein, die sich im verwüsteten Land ihrer Eltern oder Großeltern niederlassen möchten; die Tschechen müssen sich ohnehin an europäische Freizügigkeit gewöhnen. Und zwischen Deutschen und Tschechen muß die Feindseligkeit begraben werden.

So sieht es Ota Filip, und dafür schreibt er, dafür spricht
er.
Ob es in Böhmen zur zwischennationalen Katastrophe
kommen mußte? Für die Tschechen war das Leben im
vorigen Jahrhundert nicht so idyllisch, wie die Österreicher es ihnen einreden wollten, sagt Filip. Die Tschechen
besaßen schon ein ansehnliches Wirtschafts- und Bil-
dungsbürgertum, und immer noch wollte Wien sie wie ein
Bedientenvolk halten. Die Sudetendeutschen wiederum
hatten zwischen den Weltkriegen unter tschechischem
Beherrschungswillen zu leiden; nie ist die erste Tschechoslowakei die angekündigte »Schweiz des Ostens« geworden. Es war der Staat von Masaryk und Beneš. Den ersten
schätzt Filip, wenn auch nicht kritiklos, den zweiten hält
er für einen begabten, geltungssüchtigen Verderber und
Versager. Das von Beneš aus dem Londoner Exil organisierte Attentat auf den Reichsprotektor Heydrich im Jahr
1942 betrachtet er als unverantwortliches Abenteuer. Der
Anschlag habe nationalsozialistischen Erschießungster-
ror gegen das tschechische Volk entfesselt, dieses Volk
aber nicht moralisch aufgerichtet. Das habe vielmehr erst
der slowakische Aufstand gegen die Deutschen im Spätsommer 1944 fertiggebracht, an dem die Tschechen nicht
beteiligt waren. Solche Grotesken denkt sich die Geschichte aus.
Nein, Filip findet nichts Verdienstvolles an Beneš. Den
unglücklichen alten Protektoratspräsidenten Hácha, der
ihm nach London verzweifelte geheime Botschaften geschickt hatte, habe Beneš 1945 gedemütigt (Hácha starb
im Gefängnis). Den slowakischen Präsidenten Tiso habe
Beneš aufhängen lassen. Das eine sei ungerecht gewesen,
das andere jedenfalls ein schwerer, bis heute nachwirken-
der Fehler, weil es die Slowaken tief verletzte. Und 1943

gab er sein Land Stalin preis, damit der ihm erlaube, die Tschechoslowakei deutschenfrei zu machen.

DER MUT DES PAVEL TIGRID

Wer war noch schuld an der Vertreibung? Filip hat noch gut im Gedächtnis, wie sich 1946 im Prager Parlament alle Parteien mit dieser Untat schmücken wollten: von den Kommunisten über die Nationalen Sozialisten und die Sozialdemokraten bis zur katholischen Volkspartei. Nur der aus dem Exil zurückgekehrte Journalist Pavel Tigrid, ein Jude mit dem Geburtsnamen Schönfeld, fragte damals in der Prager Zeitschrift »Obzory« (Horizonte) vorsichtig, aber hörbar, ob es richtig gewesen sei, mit den Deutschen so umzugehen. Längst hat Tigrid, der nach dem Gottwald-Putsch vom Februar 1948 zum zweitenmal seine Heimat verlassen mußte, die Vertreibung der Deutschen entschieden und grundsätzlich verurteilt. In Ota Filip hat er darin einen zuverlässigen, unermüdlichen Mitstreiter.

Johann Georg Reißmüller   *Ein Gespräch mit Ota Filip*
im März 1991

WIEDERSEHEN MIT DREI KIRCHEN – EINE REISE NACH WESTBÖHMEN

Vor dem Krieg, ich bin damals acht gewesen, nahm mich meine Mutter auf ihre, wie sie sagte, Bildungsfahrt in drei Kirchen in Westböhmen mit. Zweiundfünfzig Jahre später habe ich die Kirchen wieder besucht.

Südlich vom Horšovský Týn schleppte sich unter dem blauen Himmel ein gelbes Flugzeug. Über einer namenlosen Kirche auf einem Hügel südlich der Landstraße nach Domažlice machte es einen Bogen und begann, gegen den Wind auf die riesigen Felder eine grauweiße Wolke von Kunstdünger zu zerstäuben. In den blühenden Wildkirschenbäumen und im weißen Schlehdorn summte keine einzige Biene, über den Feldern zwitscherte keine Lerche.

Die verlassene, grauweiß verschleierte Kirche mit verriegeltem Tor und mit frisch zugemauerten Türen stand mitten im vierzigjährigen Gestrüpp. Mit Kalk hat jemand an die Wand der Sakristei tschechisch geschrieben: Eintritt verboten. Der Blick durch das große Schlüsselloch im Haupttor ist erschütternd: Die kahlen Wände rund um die Erhöhung, auf der einst der Altar stand, sind mit obszönen Zeichnungen beschmiert.

Die Gruft unter der Kirche ist zerstört. Aus den Stücken und Splittern von vier oder fünf Sarkophagen aus Marmor sind keine Namen mehr herauszulesen. Im Licht der Taschenlampe entdeckte ich Reste von schwerem, grün und blau schimmerndem Brokat. Ich wagte sie nicht zu berühren.

Die zweite Gruft, eine Kapelle, ist auch verwüstet. Die Aufschrift über dem Eingang ist noch zu lesen: Anna Maria von Trautmannsdorf, geborene Fürstin von Lichtenstein, hat 1696 den Eckstein zu der Kirche gelegt und in der Kapelle ihre letzte Ruhestätte gefunden.

Ich erinnere mich genau: Vor zweiundfünfzig Jahren musterte meine Mutter den herrlichen glänzenden Sarg, mit Engeln und mit anderen himmlischen Geschöpfen geziert, und sagte: »Oh, hier muß es auch nach dem Tod schön sein!«

»Ja, das vergängliche Leben!« höre ich eine Stimme hinter mir. Ich drehe mich um. Vor mir steht ein alter Mann mit einem grellgelben Tuch auf einer langen Stange und mit verstaubtem Gesicht. Er mustert mich mißtrauisch.

Vor zweiundfünfzig Jahren haben wir uns mit meiner Mutter in Horšovský Týn, deutsch hieß die Stadt Bischofteinitz, Pilgern angeschlossen, die zu der Kirche südlich der Stadt wanderten. Vorne wehten im Sommerwind Kirchenfahnen.

»Wie heißt diese Kirche?« fragte ich.

Der Mann kratzte sich an der Brust und lächelte verlegen.

»Es ist eine deutsche Kirche. Eine gewesene deutsche Kirche.«

»Wer hat sie ausgeplündert und ausgeraubt?«

»Ja, das ist eine lange Geschichte«, sagte der Mann.

Seine Geschichte war allerdings nicht lang: Im Frühling 1946 verschwand aus der Kapelle der barocke Sarg aus Silber, Zinn und aus Blei, in dem Anna Maria von Trautmannsdorf 234 Jahre ruhte. Anfang der fünfziger Jahre verschwanden aus der barocken Kirche alle Bänke, Gemälde, der Altar und auch die Glocken.

Die ehemals deutsche Wallfahrtskirche in Horšovský Týn: heute eine Halbruine.

»Das Tor zu der Gruft unter der Kirche, ein Kunstwerk der böhmischen Eisengießer aus dem 19. Jahrhundert, mußte irgendwann Mitte der sechziger Jahre jemand geklaut haben. Damals wurden auch die vier Sarkophage ausgeraubt. Man munkelt, daß das Tor heute als ein prächtiger Eingang in die Villa eines hochgestellten Parteigenossen in Prag dient.« Der Mann atmete schwer. »Aber das Dach der Kirche wurde unlängst repariert. Das Geld, sagten die Leute, kam von den Sudetendeutschen«, keuchte er, verlor den Atem und hustete. »Zehn Jahre arbeitete ich bei der Verstreuung von Kunstdüngern. Ich hab's auf der Lunge. Glauben Sie, daß die Deutschen zurückkommen?«

»Ich weiß es nicht.«

»Der Havel will sie aber zurückholen.«

»Nein, das will er nicht. Er hat sich nur für die Vertreibung entschuldigt.«

Der Mann hob den Kopf und beobachtete gespannt den nördlichen Horizont. »Eigentlich hätten wir uns für diese Kirche schämen müssen«, sagte er, holte Luft und hinkte Richtung Süden.

Erst nach einer Weile hörte ich das tiefe Brummen der gelben Maschine. Über der namenlosen, ausgeplünderten Kirche drehte das Flugzeug einen Bogen, setzte zum Tiefflug an und schüttete auf die Kapelle eine Wolke von grauweißem Kunstdünger aus.

Zwei Stunden später in Lestkov, einem Dorf bei Marienbad. Im 14. Jahrhundert wurde hier auf der Kreuzung der Wege vom Prämonstratenserkloster in Tepl nach Regensburg und von Prag nach Nürnberg eine Kirche gebaut. Sie wurde dem heiligen Prokop geweiht, dem Einsiedler, der kurz nach dem Jahr 1000 südlich von Prag am Fluß Sázava ein Kloster gründete, in dem die tschechische Sprache und der altslawische Gottesdienst gepflegt wur-

den. Kaiser Karl IV. hat hier an der Kreuzung der uralten
Wege zwischen Nord und Süd, Ost und West auf seinen
Reisen von Prag nach Nürnberg und zurück haltgemacht
und gebetet.

Heute steht die Kirche mitten in einem trostlos verkomme-
nen Dorf. Vor einem Haus wartet ein blauer Trabant ohne
Räder und mit ausgeschlagenen Fenstern; der einzige
Farbfleck in der grauen Dorflandschaft.

Ich erinnere mich: Kirchweih in Lestkov vor zweiundfünfzig Jahren: Ich sitze mit Mutter unter einem grünweißen
Sonnenschirm. Die Kirche strahlt in der Sonne mit ihrem
warmen Gelb. Ein reicher Herr aus Marienbad hat der
Kirche ein neues Schindeldach gestiftet. Man munkelt, er,
der große Sünder, hätte das Geld im Casino gewonnen.

Jetzt ist das mit Schindeln gedeckte Dach der Kirche
verfault und droht einzustürzen. Der Eingang in die Kirche ist verschlossen. Durch die zerschlagenen Glasschei-
ben sehe ich die Nachmittagssonne durch das löchrige
Dach in die Kirche fallen. Die Wände sind zersprungen;
der herrliche Altar ist verstaubt. Das letzte Mal sah ich ihn
mit Gladiolen überschüttet. Von der Torschwelle bis zum
Altar lag ein herrlicher Perserteppich. Meiner Mutter fiel
es schwer, zu flüstern, als sie mir sagte: »Der Teppich muß
ein Vermögen gekostet haben. Aber dieser sündige Glasfa-
brikant aus Karlsbad kann es sich ja leisten . . .« Seit jenem
Tag sind für mich persische Teppiche auf eine seltsame
Weise mit sündigen Fabrikanten verbunden.

Zweiundfünfzig Jahre später: Jemand mußte den Durch-
gang zwischen zwei Bänkereihen zum Altar gekehrt haben. Der Staub, der abbröckelnde Mörtel, die vom Dach
heruntergefallenen verfaulten Schindeln liegen auf einem
Haufen an der Wand rechts vom Altar. Am Tor steht auf
einem handgeschriebenen Zettel: Gottesdienst jeden zwei-

ten Sonntag um 10 Uhr. Rechts vom Eingang in diese
traurige Kirche, einst ein Kleinod unter den böhmischen
Kirchen, hängt an der Wand ein Kreuz. Zu entziffern sind
nur zwei deutsche Wörter: Mission und Seele... Das Kir-
chenfenster an der südlichen Wand mit abgefallenem Putz
zeigt die Überreste einer Heiligen ohne Gesicht.
Eine Frau in einer roten Trainingshose und in einer grünen
Schürze steht auf der Treppe des dörflichen Einkaufszen-
trums und schaut zu, wie ich die Kirche fotografiere. Sie
stellt die Einkaufstasche auf der zweiten Treppenstufe ab.
»Sie verschwenden Ihren teuren Film, machen Sie doch
lieber ein Foto von mir! Das ist doch nur eine deutsche
Kirche. Das ganze Dorf war bis 1945 deutsch. Mein Vater
hat die Nazis persönlich aus diesem Dorf hinausgeprügelt.
Ich bin schon hier geboren.«
»Aber die Kirche trägt ja den Namen eines slawischen
Heiligen! Kaiser Karl IV. hat hier...«
»Mir ist es schnuppe!« unterbricht sie mich. »Mir können
alle Kaiser, alle Heiligen und alle Kirchen gestohlen blei-
ben. Wenn ich mal abkratze, dann hilft mir weder eine
slawische noch eine deutsche Kirche.«
Sie muß mich aus meinem Auto mit dem Münchener
Kennzeichen aussteigen gesehen haben. Sie rückt sich ihr
Kopftuch zurecht und fragt: »Sie kommen aus dem
Reich?«
»Nein. Ich komme aus Bayern.«
»Das ist dasselbe«, erwidert sie bös. »Sind Sie nicht auch
einer von diesen Emigranten, die jetzt über die Grenze
kommen und ganz dicke Töne über Demokratie reden?«
Aus dem Geschäft kommt eine junge Frau. Trainingshose
mit Schürze sind wohl die Uniform der neuen Generation
von Genossenschaftsbäuerinnen, dachte ich mir. »Laß ihn
in Ruhe, Anna! Er will sich ja nur unsere Kirche, diese

Schande, ansehen«, sagte sie. »Ich mag nicht, wenn fremde Menschen hier herumschnüffeln. Unlängst waren drei Sudetendeutsche hier. Auch mit Fotoapparaten.« »Es war wohl ihr Zuhause und ihre Kirche. Ja, und warum haben wir die Kirche nicht in Ordnung gehalten? Wieso haben wir sie verfallen lassen?«

Die ältere Frau in der roten Trainingshose sagte kein Wort, sie hob ihre Einkaufstasche und ging nach Hause. Die jüngere erzählte mir: Seit 1945 bis Anfang der sechziger Jahre war die Kirche geschlossen. »Den deutschen Pfarrer haben sie im Sommer 1945 in Marienbad erschlagen«, sagte sie leiser. »Welche sie?« »Naja, Sie wissen's ja, die Unseren...« Die Frau musterte mich, sie fährt mit der Zunge über ihre trockene Unterlippe. »Glauben Sie, daß uns jemand im Westen helfen könnte, unsere Kirche wieder in Ordnung zu bringen?« fragt sie nach einer Weile. »Wie stellen Sie sich die Hilfe vor?«

»Daß man uns Geld schickt und so..., daß die Sudetendeutschen..., es ist schließlich ihr Zuhause...«, erwidert die Frau verlegen.

Fünfzehn Kilometer weiter nördlich liegt auf dem Hochplateau Kaiserwald das im Jahr 1193 gegründete Prämonstratenserkloster Tepl. In den vergangenen fünfunddreißig Jahren gehörte das Kloster der Armee. Die Bibliothek von alten Schriften und Drucken, an die 60 000 Bände, ist in den fünfziger Jahren zum großen Teil vernichtet worden, zum Teil als Altpapier. Wenn die Soldaten es nicht schafften, ihre sozialistische Verpflichtung im Sammeln von Altpapier zu erfüllen, dann wurden eben Teile einer der wertvollsten Bibliotheken in Europa mit Heugabeln auf einen Lastwagen geladen und in die Sammelstellen in Marienbad oder in Pilsen gebracht.

Die Kosten für die Renovierung des Klosters werden heute

auf fünfzehn bis zwanzig Millionen Mark geschätzt. Im
März 1990 bekamen die Prämonstratenser das Kloster
vom Staat zurück. Die Zurückgabe des achthundert Jahre
alten Klosters bestätigt ein mit der Hand in Druckschrift
geschriebener, ans Tor zu der einst weltberühmten Bibliothek geklebter Zettel: »Die Prämonstratenser sind in Marienbad zu erreichen.«

Im heutigen Zustand ist das Kloster nicht bewohnbar.
Aber rechts von der Klosterkirche ist ein Gerüst aufgestellt, eine verrostete Mischmaschine steht bereit. Der
einzige Maurer, der in der Nähe zu sehen ist, sagt mir:
»Also gestern gab's Kalk, da konnten wir innen eine Mauer
hochziehen. Mehr war nicht zu machen, denn gegen Mittag

Kloster Tepl bei Marienbad: Eingang in die einst weltberühmte Bibliothek.

ging der Sand aus. Heute gibt es zwar genug Sand, aber der Kalk wurde nicht geliefert. Die anderen gingen nach Hause, nur ich warte hier und bete, damit wir morgen Kalk kriegen.«

»Wo beten Sie, die Kirche ist doch zu?«

»Lieber Herr, hier überall ist eine heilige Stätte!«

Das einzige, was im Kloster Tepl intakt und fest ist, sind die eisernen Tore zu den Garagen. Als im Jahr 1951 das Kloster Tepl umgebaut wurde, hatten die Baukompanien die Mauern in allen Erdgeschossen eingerissen, um Platz für militärische Fahrzeuge zu machen. Damals gingen auch einige kostbare Fresken aus dem 14. und 15. Jahrhundert für immer verloren. Ich habe sie noch 1948 gesehen, erinnere mich aber nicht mehr an ihre Farbenpracht.

Fest in meiner Erinnerung blieb Mariä Himmelfahrt 1938: Der Klosterhof duftete nach Honig, nach frischem Gebäck und nach Mandeln, zwei Blasorchester spielten auf. Das riesige Glashaus voll von exotischen Blumen hatte die Fenster geöffnet.

»Schau her«, sagte ich zur Mutter, »ein gläserner Tausendflügler!«

»Hast du aber Einfälle«, lachte die Mutter.

Zweiundfünfzig Jahre später ist vom Glashaus nur das verrostete und verbogene eiserne Gerüst geblieben, das Skelett meines Tausendflüglers.

Zwei Touristen aus Mähren stehen schweigend vor dem geschlossenen Kirchentor und vor dem abgebröckelten Eingang zu der einst weltberühmten Klosterbibliothek. Ich frage den Maurer nach den Namen des Heiligen und der zwei Engel über dem Torbogen.

»Wahrscheinlich sind's irgendwelche Deutsche. Aber fragen Sie doch die Pater in Marienbad. Kann sein, daß sie jetzt tschechische Namen kriegen...«

Im großen Klosterhof liegt ein Geruch von Dieselöl und von verbrannten Reifen. Als ich acht war, haben wir mit meiner Mutter aus dem Springbrunnen links von der Statue des Gekreuzigten kaltes Wasser getrunken. Zweiundfünfzig Jahre später werde ich in meinem Leben niemals mehr im Klosterhof von Tepl Wasser trinken können. Ein böser oder ein dummer Mensch hat in den Brunnen einige Kannen Dieselöl geschüttet.

(Juli 1990)

»Die Waldsteins gehören in unsere Geschichte« – Familienbesuch in Böhmen

Im Jahr 1955 bestätigte Vladimír Budín, der Leiter des Waldstein-Archivs in Mnichovo Hradiště (Mönchengrätz), die Übernahme von »zwei Kisten alter Handschriften auf Pergament geschrieben«, die in einem finsteren Winkel des Prager Palais Waldstein gefunden worden waren. Als er sie öffnete, fand er darin alle seit der Mitte des 19. Jahrhunderts verloren geglaubten Urkunden über Privilegien, die Kaiser Ferdinand II. dem im Februar 1634 in Eger ermordeten Herzog von Friedland, Albrecht von Waldstein, verliehen hatte. Am wichtigsten war die Zusicherung des Kaisers, er werde Waldstein, wenn dieser einmal Verrat üben sollte, zwar an Leib und Leben bestrafen, nie aber an seinen Gütern.

Die kaiserlichen Privilegien nützten weder nach 1634 den Erben des ermordeten Herzogs von Friedland noch 1945 seinen Nachkommen. Die mehr als achthundertjährige Geschichte der Familie Waldstein schien im Jahr 1945 zu Ende zu sein. Wie mehr als drei Millionen Sudetendeutsche wurden auch die Waldsteins aus ihrer Heimat vertrieben. Ihr Hab und Gut, das nach der kaiserlichen Konfiskation Mitte des siebzehnten Jahrhunderts und nach der Bodenreform in der ersten tschechoslowakischen Republik übriggeblieben war, wurde beschlagnahmt und ist seit mehr als vierzig Jahren Staatseigentum.

»Welchen Sinn hatte es im Jahr 1945, auch die Wald-

steins, eine der ältesten böhmischen Familien, aus ihrer
Heimat zu vertreiben, eine Familie abzuschieben, die mehr
als achthundert Jahre an der glorreichen und auch an der
weniger ruhmreichen böhmischen Geschichte teilnahm?«
fragte unlängst ein tschechischer Historiker, und er fügte
hinzu:»Im Jahr 1945 haben wir den Waldsteins alles
weggenommen. Wir wurden nicht reicher, sondern ärmer
als je zuvor.«
Und was blieb nach den Waldsteins in Böhmen zurück?
Das Waldstein-Palais in Prag, heute Sitz des tschechischen Kulturministeriums; die sterblichen Überreste der
im Jahr 1908 seliggesprochenen Zdislava, die seit dem
Jahr 1252 in der Gruft der St.-Laurentius-Kirche in Ja-
blonnév Podještědí (zu deutsch: Gabel) auf ihre Auferstehung wartet; das Grab des Herzogs von Friedland, Albrecht von Waldstein, und seiner zwei Gemahlinnen in der
St.-Anna-Kapelle in Mönchengrätz; einige Burgen,
Schlösser und Museen in Nordböhmen und die von 1945
bis unlängst verschwiegene böhmische Geschichte einer
adeligen Familie. Hat die Erinnerung an die Waldsteins
die viereinhalb Jahrzehnte seit 1945, die finsterste Zeit der
böhmischen Geschichte, überlebt, oder ist sie im heutigen
Böhmen nur Ausdruck einer Sehnsucht nach vergangenen
Zeiten?
Vor kurzem brach fast die ganze Familie Waldstein, drei
Generationen mit mehr als fünfzig Nachkommen der seliggesprochenen Zdislava und des Herzogs von Friedland,
aus Deutschland und aus Österreich zu einer Waldstein-
Wallfahrt nach Nordböhmen und nach Prag auf. Sie wollten zwar zu ihren Wurzeln pilgern, auf der Wallfahrt
wurden die Waldsteins jedoch mehr als von ihrer Vergan-
genheit von der böhmischen Gegenwart eingeholt. Die
Herrlichkeit ihrer einstigen Schlösser ist in den vergange-

nen vier Jahrzehnten verfallen, der Ruhm ist verblaßt und
vergessen. Das einst prächtige Schlafzimmer des Wald-
stein-Schlosses in Doksy (Hirschberg), in dem drei Wald-
stein-Generationen zur Welt kamen, ist in den Sommerfe-
rien eine Herberge für Touristen; sonst dient das Eckzim-
mer im ersten Stockwerk als Schlafzimmer für sechs Lehr-
linge einer landwirtschaftlichen Schule.
Die selige Zdislava ruht seit fast achthundert Jahren in der
Gruft der St.-Laurentius-Kirche in Gabel. Der Platz, den
die Kirche beherrscht, heißt immer noch »Platz der tapfe-
ren Grenzbeschützer«. Ende Juli kamen auch Pilger aus
dem nordmährischen Krnov nach Jablonné, um am Grab
der seligen Zdislava zu beten. Sie waren überrascht, als sie
Pater Angelus Waldstein aus dem Benediktinerkloster im
bayerischen Ettal in tschechischer Sprache die Messe lesen
hörten.
»So viele Grafen und Gräfinnen habe ich in meinem Leben
noch nie gesehen«, sagte ein junger Bauer aus Krnov nach
der Messe, und er fragte ein wenig verlegen: »Was wollen
die Waldsteins in Jablonné?« – »Sie beten hier dafür, daß
ihre Verwandte Zdislava heiliggesprochen wird.« – »Der
Papst hat schon vor einem Jahr unserem Präsidenten
Havel versprochen, daß er unsere Zdislava heiligsprechen
wird.« – »Das kann noch einige Jahre dauern.« Der junge
Mann aus Krnov sagte verärgert: »Na ja, ich verstehe, daß
der polnische Papst mit der Heiligsprechung zögert. Es
wird wohl daran liegen, daß Zdislava eben eine Deutsche,
eine Waldstein war...« Es gab keine Chance, dem Bauern
Zdislavas mährische Herkunft zu erklären.
Die Burg Lemberk unweit von Jablonné, bis 1945 im
Besitz der Familie Waldstein, wo Zdislava gelebt und
gewirkt hat, war noch vor zwei Jahren fast eine Ruine.
Mehr als sechzig Millionen Kronen wird die Renovierung

kosten. Nur sechs Arbeiter sind seit zwei Jahren damit beschäftigt. Den mächtigen Turm haben sie erst vor einigen Wochen weiß gestrichen; schon jetzt bröckelt die Farbe wieder ab. »Wir hätten einen wetterfesten Anstrich aus der Bundesrepublik nehmen sollen. Aber wie sollen wir, ohne zu klauen, an Devisen herankommen?« sagte der Bauleiter mit einem hoffnungsvollen Seitenblick auf das Oberhaupt der Familie, Graf Ernst von Waldstein-Wartenberg.

DAS ARCHIV IM SCHLOSS

Die Kammer, in der die selige Zdislava wohnte, ist fast fertig. Der Bauleiter, ein Optimist, glaubt zwar, er werde die Burg in vier Jahren einigermaßen in Ordnung bringen, aber ganz sicher ist er sich nicht. »Ich hoffe, daß ich der Kommission, die im Vatikan über Heiligsprechungen entscheidet, nach vier Jahren über ein Wunder berichten kann, nämlich darüber, daß wir es mit Zdislavas Hilfe doch geschafft haben, Ihre Burg, gräfliche Hoheit, vor dem Verfall zu retten.« Der Bauleiter sagte tatsächlich tschechisch »gräfliche Hoheit«.

Im Mönchengrätzer Schloß betreut Vladimír Budín das Waldstein-Archiv. Golo Mann hat hier vor der Arbeit an seinem »Wallenstein« viel gelesen und studieren können, was nur in Mönchengrätz geordnet und sorgfältig aufbewahrt liegt. Es ist fast ein Wunder, daß Budín seit Anfang der fünfziger Jahre einen Wunsch der Familie Waldstein aus dem Jahr 1940 verwirklichen konnte: Er hat aus mehreren Schlössern das ganze Waldstein-Archiv unter ein Dach zusammengetragen und hat es hier geordnet. Das Waldstein-Schloß in Mönchengrätz hat die Jahre nach 1945 überdauert, wenn auch ramponiert. Noch in den

sechziger Jahren sollte das Schloßmuseum zu einer Gedenkstätte für den kommunistischen Funktionär Jan
Šverma umfunktioniert werden. Heute droht dem Schloß
eine andere Gefahr: Wie alle Schlösser in der Tschechoslowakei soll es nicht mehr von der staatlichen Denkmalpflege betreut werden; vielmehr wird es in Zukunft von der
Gemeinde Mönchengrätz verwaltet und finanziert.

Für die Kleinstadt Mönchengrätz ist das ein Danaerge-
schenk. Die Faustregel ist auch den Gemeindevätern von
Mönchengrätz bekannt: Ein Quadratmeter Wohn- oder
Nutzfläche eines Schlosses ist heute nur mit dem Ertrag
von einem Hektar Wald zu finanzieren. Die Gemeinde
besitzt aber keinen einzigen Hektar Wald, ihre spärlichen
Einnahmen verschlingt der verzweifelte Versuch, die Stadt
vor dem Verfall zu retten. Das Zauberwort heißt auch hier:
privatisieren.

EINE KOSTBARE BUDDHA-STATUE

Für das Schloß haben die Stadtväter, munkelten einige
unbelehrbare Genossen in Mönchengrätz, schon einen
Plan ausgeheckt: Die barocke Sala terrena, ein Pavillon im
Schloßgarten, soll von westlichen Geldgebern in ein Re-
staurant verwandelt werden. Die Gemäldegalerie, einst ein
Pferdestall, soll wieder ein Pferdestall für wohlhabende
Westler werden, und die Schloßwiese soll zu einer der
größten und schönsten Reiterwiesen in Mitteleuropa, na-
türlich nur gegen Devisen zugänglich, ausgebaut werden.
Das Grab des ermordeten Herzogs von Friedland in der
St.-Anna-Kapelle hinter der Schloßmauer soll die große
Touristenattraktion werden.

Mit Waldstein ging man in Mönchengrätz in den vergangenen 45 Jahren nie zimperlich um. Als 1974 die letzten

Zweifel an der Echtheit von Waldsteins sterblichen Überresten ausgeräumt werden sollten, wurde das Grab des
Herzogs von Friedland amtlich geöffnet und die sterblichen Überreste nach Prag zur Untersuchung geschickt.
Einem Fremdenführer mit Phantasie erschien die frühe
Geschichte der Waldsteins in Mönchengrätz für die Touri-
sten zu langweilig, so reicherte er sie mit seiner Variante
an: »Vierundzwanzig Söhne hat der fromme Christ Hein-
rich von Waldstein mit unserem böhmischen König Přemysl
Otakar II. in den Kampf gegen die heidnischen Preu-
ßen geschickt. Solche Patrioten sind, meine Damen und
Herren, die Waldsteins gewesen!« Und als eine Dame den
Mut fand und fragte: »Vierundzwanzig Söhne? Wieviel
Frauen hatte Heinrich von Waldstein eigentlich?«, zuckte
der Fremdenführer nicht mit der Wimper und erwiderte:
»Der Papst hat ihm fünf bewilligt!«
In der Kreisstadt Jičín (Gitschin), bis zu Waldsteins Er-
mordung im Jahre 1634 die Hauptstadt des Herzogtums
Friedland, wurden die Waldsteins vom Bürgermeister be-
grüßt. Das Oberhaupt der Familie, Graf Ernst von Waldstein-Wartenberg, sprach in seiner Antwort von der Ver-
wurzelung seiner Familie in Böhmen und von dem Wunsch
aller Waldsteins, die Menschen kennenzulernen, die
heute, in der Zeit der neuen Freiheit, in Nordböhmen
leben. Die Zeit wurde knapp, die Waldsteins schafften es
nicht mehr, das Kreismuseum in ihrem einstigen Gitschi-
ner Palais zu besuchen. Somit blieb der Familie eine
Enttäuschung erspart: Heute wie vor dem Sieg der sanften
Revolution gipfelt im Kreismuseum die Geschichte von
Jičín immer noch in der fortschrittlich-glorreichen Epoche
der Kommunistischen Partei und in ihrem hervorragend-
sten Sohn, Klement Gottwald, dem ersten Arbeiterpräsi-
denten der Tschechoslowakei. Aber der herrliche Markt-

platz von Gitschin, in Albrecht von Waldsteins großer Zeit erbaut, trägt heute den Namen »Valdštýnské náměstí«, Waldstein-Platz.

Im einstigen Herzogtum Friedland sind die Waldsteins nicht vergessen. Anna Vrabcová aus Bělá bewahrt immer noch die kostbare Buddha-Statue auf, die ihre Mutter als Hochzeitsgeschenk von, wie sie noch heute sagt, »unserer Herrschaft« bekam. Als 1945 Karl Graf von Waldstein als Deutscher verhaftet und eingesperrt wurde, hat die damals neunzehnjährige Anna Vrabcová mit ihren Eltern und mit fünfzig, sechzig Bürgern der Stadt Bělá pod Bezdězem für die Entlassung des Grafen aus dem Gefängnis eine Petition unterschrieben und auf dem Marktplatz demonstriert. Karel Kábrt erinnert sich: »Nach der Demonstration für unseren Herrn Karl von Waldstein kam zu mir ein Herr und sagte: ›Halten Sie die Schnauze, sonst schlage ich sie Ihnen ein!‹ So ist es eben gewesen. Ich fing an zu schweigen, und wir alle hielten mehr als vierzig Jahre still.«

Die Pförtnerin im Prager Waldstein-Palais, im heutigen Kulturministerium der tschechischen Teilrepublik, weiß Geschichten zu erzählen, die man noch vor zwei Jahren lieber vergessen hätte: »1985 kam Pater Angelus Waldstein zum musikalischen Frühling nach Prag. Ich saß damals wie heute in der Pforte. Und ich habe den Grafen in sein Palais geschmuggelt. Er schrieb mir dann eine Ansichtskarte aus Ettal; ein Genosse hat sie hier in der Pforte gesehen und gelesen, und es gab Krach. Später kam eine Dame, eine Gräfin von Waldstein aus Wien. Die habe ich nach den Bürostunden ins Palais geführt. Sie hat das berühmte Reiterbild des Herzogs von Friedland fotografiert. Aber jemand mußte uns gesehen und denunziert haben. Es gab wieder Krach, und wieder wurde ich verhört. Kein Wunder, der Raum, in dem das berühmte Bild hing, war mit Abhöranlagen vollgestopft, denn hier trafen sich unsere Genossen mit ihren besten Freunden aus dem Ausland. Und wissen Sie, was mir ein Obergenosse am Ende des Verhörs sagte? Nein, er hat es nur geflüstert: ›Das nächste Mal, wenn hier ein Waldstein aufkreuzt, passen Sie doch gefälligst besser auf!‹ ›Soll das heißen‹, fragte ich, ›daß ich ihn ins Palais lassen darf?‹ Der Genosse atmete tief durch und antwortete: ›Was sollen wir machen, schließlich ist das Palais Eigentum der Familie Waldstein!‹«

»In der böhmisch-mährischen Geschichte sind Konfiskationen, Enteignungen, Vertreibungen nichts Besonderes«, dachte einer von den führenden Politikern der heutigen

46 Jahre nach Kriegsende: die Familie Waldstein wieder in Prag.

Regierung der tschechischen Teilrepublik laut. »Und es war auch nie etwas Besonderes«, fügte er hinzu, »wenn die Enteigneten und Vertriebenen zurückkamen und wieder von vorne anfingen.« Auf die Frage, ob dies früher oder später auch auf die Waldsteins zutreffen könnte, zuckte der Mann mit den Schultern, lächelte und sagte: »Wer weiß? Genauer gesagt, wer wagt es schon heute zu wissen? Eines steht fest: Die Waldsteins gehören in unsere Geschichte.«

(August 1991)

Nachdenken über ein Tabu – Tschechische Oppositionelle greifen das Thema Vertreibung auf

Bis in diese Tage war das Thema der Vertreibung der Deutschen aus der Tschechoslowakei tabuisiert. Die tschechische Geschichtsschreibung, bis 1948 von dem damaligen Chauvinismus behindert und nach 1948 vom Marxismus, konnte sich mit dieser Frage nïcht befassen. Die Vertreibung der Deutschen ist bis heute ein wunder Punkt der modernen tschechischen Geschichte geblieben. Ansätze, die Vertreibung der Deutschen wenigstens als ein Versagen der Demokratie und des Humanismus anzuprangern, blieben auch vor dem Februar 1948 (als die Kommunisten mit einem Putsch die Macht übernahmen) vereinzelt: Pavel Tigrid, Přemysl Piter und Ferdinant Peroutka, in der Literatur Durych mit seinem Roman »Der Regenbogen«.

Nach 1948 hat die kommunistische Propaganda das Problem der Vertreibung ganz »vergessen«. Dieser Teil der Vergangenheit wurde nur »literarisch« angegangen, vor allem im Werk von Václav Řezáč, dessen zwei Romane auch als Vorlage zu einem Film dienten. Die Deutschen wurden da insgesamt als die einzig Schuldigen – mit Ausnahme einiger Antifaschisten – geschildert. Da Řezáč seine Bücher erst 1948 schrieb, schilderte er auch die Grausamkeiten der Jahre 1945–1946 vom marxistischen Standpunkt: Die Vertreibung war ein Akt des Klassenkampfes. Ungefähr von 1955 an sprach man in Prag über die Vertreibung der Deutschen nicht mehr. Mit der Gründung der DDR begann die groß angelegte Propaganda gegen die Bundesrepublik Deutschland, gegen das Land, in dem es angeblich von »Militaristen, Faschisten, sudetendeutschen Revanchisten und Agenten des CIA« wimmele. Josef Škvoreckýs Versuch, im Roman »Die Feiglinge« (1958) das Problem der Deutschen sachlicher zu schildern, scheiterte zuerst: Das Buch wurde zwei Tage nach dem Erscheinen beschlagnahmt. Erst sechs Jahre später kamen »Die Feiglinge« in einer Neuauflage heraus. Škvorecký rechnete gleich mit zwei Mythen ab: »Unsere Väter«, also die Generation, die 1945 die Deutschen vertrieb, war nicht die Generation der »heldenhaften Kämpfer gegen Hitler und den Faschismus«, sie haben nur den Krieg überlebt. Die Deutschen waren nicht alle schuldig.

1968 waren in der zu kurzen Zeit des Prager Frühlings nur erste Ansätze zu Gesprächen mit den Deutschen möglich. 1967 kam Jan Procházkas Film »Die Kutsche nach Wien« (die Geschichte einer jungen deutschen Frau, die sich 1945 nach Wien durchschlagen will) – der erste tschechische Film, der die Vertreibung als eine grausame Angelegenheit schilderte.

Am 21. August 1968, als die Russen einmarschierten, geschah auch etwas Sonderbares: 1. Der letzte tschechische Panslawist begriff (die Kommunisten in Prag lebten ideologisch auch vom Panslawismus, denn der große Bruder im Osten war nicht nur sozialistisch, sondern slawisch), daß aus Rußland nicht die Rettung kommen könne. 2. Zwanzig Jahre hatte man dem Volke eingehämmert, der Feind sitze in der Bundesrepublik und lauere auf einen günstigen Augenblick zum Einmarsch in Prag. Doch in Prag marschierte die brüderliche Armee der DDR mit ein. Der allerletzte Prager Patriot wußte seit jenem Tag,

daß die Gefahr nicht von Westdeutschland drohe. 3. Im
19. Jahrhundert, in der Blütezeit des Panslawismus – und
auch des Pangermanismus (der Panslawismus war nach
1815 ein deutsches Importgut aus Jena und Weimar) –,
war der Bruder im Osten die Stütze für die tschechische
nationale Wiedergeburt. Seit 1968 nimmt die Bundesrepublik den Platz des einstigen Rußland ein. Die westdeutsche Demokratie stärkt jetzt das Rückgrat der geistigen
Opposition in Prag.

DIE EMIGRANTEN

Die erste Welle der tschechischen Emigration kam 1948
nach Deutschland. Das waren vor allem Politiker, die sich
im Februar 1948 nicht gegen die Kommunisten durchsetzen konnten. Die Garnitur dieser Politiker (die meisten
waren Beneš-Anhänger) war für die Vertreibung der Deutschen politisch und auch moralisch verantwortlich. Diese
Leute fanden bis heute keinen rechten Kontakt zu den
Deutschen. Ein Versuch eines Teils des tschechischen
politischen Exils unter General Prchala, 1951 ins Gespräch mit den Sudetendeutschen zu kommen, führte
nicht weiter. Die Sudetendeutschen begingen den Fehler,
daß sie sich Anfang der fünfziger Jahre mit dem Teil des
tschechischen Exils verständigten, der in der Tschechoslowakei politisch kompromittiert war und sich in Prag nicht
auf eine bedeutendere Gruppe stützen konnte. Die tschechischen Patrioten und Beneš-Anhänger im Exil verteidig-
ten, wieder damals wie heute, die Vertreibung als einen
»historisch notwendigen Akt«. Sie gerieten so auf die Linie
ihrer Erzfeinde, der Kommunisten in Prag.
Als nach 1968 eine neue Welle tschechischer Exilanten in
die Bundesrepublik kam, war das schon eine ganz andere

Generation als die Emigranten von 1948. Die »Achtund-
sechziger« waren toleranter, sie litten nicht am »deutschen
Trauma« wie die Politiker des Jahres 1948 und vorher.
Ihnen gilt die Vertreibung schlicht als Verbrechen. Sie
kapselten sich in der Bundesrepublik nicht ab wie die
Emigration aus dem Jahre 1948, sondern suchten sich in
die deutsche Umwelt einzuleben.

In Prag begann die Vergangenheitsbewältigung auch innerhalb der geistigen Opposition wieder literarisch – drei
Romane, im Untergrund veröffentlicht, bezeugen sie. Jiří
Gruša übersetzte Rilke neu. Die Zeit reifte. Den Anstoß zu
einer allgemeinen Diskussion über die Vertreibung der
Deutschen gab »Danubius«, ein slowakischer Historiker,
mit seinen »Thesen über die Vertreibung der Deutschen«,
die als ein Dokument der Charta 77 in Prag veröffentlicht
werden sollten. Die Chartisten schreckten jedoch vor Danubius' Thesen zurück und veröffentlichten lieber das
Dokument über die Unterdrückung – der Zigeuner.

Die Gründe: Man befürchtete in Prag einen Vergeltungs-
anschlag der Polizei und der Partei. Danubius schickte
nun seine Thesen an die tschechische Exilzeitschrift »Své-
dectví«, herausgegeben von Pavel Tigrid in Paris, und dort
wurden sie veröffentlicht. Danubius formuliert seine Thesen als eine intellektuelle Provokation, also fast absicht-
lich vom sudetendeutschen Standpunkt. Da »Svědectví«
auch nach Prag geschmuggelt wird, rief es dort und auch
im Exil eine aufgeregte Diskussion hervor, die man so
charakterisieren kann: 1. Die »alte Emigration«, die aus
dem Jahr 1948, lehnt zum großen Teil Danubius' Thesen
ab und verteidigt die Vertreibung (sie verwendet dabei
immer das Wort »Abschiebung«) als einen »historisch
notwendigen Vorgang«, der die Souveränität und Sicherheit des Staates garantiert«. 2. Auf diesem Standpunkt

steht auch eine Gruppe emigrierter tschechischer Sozialdemokraten aus den Jahren vor 1948. 3. Die geistige Opposition in Prag, politisch vielschichtig und in zwei Generationen gegliedert, verhält sich in der Diskussion, die auf
den Seiten der Pariser Exilzeitschrift ausgetragen wird,
ganz anders. Auch die einstigen Marxisten wie Hübl, Uhl,
L. Kohout sprechen jetzt von einem Versagen der Humanität und der Demokratie, aber sie tadeln Zdenek Mlynář,
der jetzt in Wien lebt, weil er bei einem Treffen mit
Deutschen »zu weit ging« und die »Notwendigkeiten« aus
dem Auge gelassen habe, sich zu sehr auf die »deutsche
Linie« festlegen ließ. Mlynář war dann gezwungen, einen
Rückzug anzutreten. 4. »Die alte Generation« ist jetzt von
der neuen Generation der tschechischen Intellektuellen
aus der Diskussion verdrängt, ihre antideutschen Ressen-
timents empfindet man als überholt und schädlich.
Auf eines machen die Prager in ihren Beiträgen aufmerksam. Das Exil soll mit den Deutschen ins Gespräch über
die Vertreibung kommen, denn die Prager haben keine
Möglichkeit direkter Kontakte. Aber die Gespräche sollen
nicht, wie Ludek Pachman möchte, nur mit den Vertretern
einer sudetendeutschen Gruppierung geführt werden, vielmehr mit allen Deutschen.

WEG NACH WESTEN

Da ergeben sich vor allem für die tschechischen Sozialdemokraten, wohl die intellektuell stärkste Gruppe im Exil
und zu Hause, fast unüberwindliche Schwierigkeiten. Die
tschechischen rechtsorientierten Emigranten fanden
schnell zu den deutschen Konservativen Kontakte. Hinge-
gen werden die Sozialdemokraten von der deutschen SPD
übersehen, man will mit diesen »Genossen« aus Prag hier

nicht viel Kontakt haben, weil das die »Entspannungspolitik« gefährden könnte.

Das Prager kommunistische Zentralorgan »Rudé Právo« nahm zu der Diskussion der Prager Oppositionellen und der emigrierten Intellektuellen am 16. November Stellung. Die Faschisten, Revanchisten und Militaristen säßen nur in der Bundesrepublik; einige »Agenten« im Dienste der Imperialisten und Kapitalisten in Prag und im Exil versuchten die Frage der »sogenannten Vertreibung« der Deutschen wieder aufzurollen und fänden dabei den Beifall des reaktionärsten Teils der westdeutschen Revanchisten.

Zwei Momente in dieser Diskussion sind wichtig: 1. Die tschechischen chauvinistischen Stimmen zu Hause und im Exil sind mit ihren Argumenten am Ende ebenso wie die Kommunisten. Sie wurden von der neuen Generation intellektuell überholt und vom Leben überrollt. 2. Auch wenn aus der Tschechoslowakei unterschiedliche Stimmen zu vernehmen sind, eines ist sicher: Die Vergangenheitsbewältigung ist im Gange, und ihr Ergebnis ist jetzt schon klar abzusehen: Die Vernunft setzt sich durch. Die Deutschen sollten wissen: Sie haben es jetzt nicht mit verkorksten Emigranten und Politikern der Beneš-Ära, mit Chauvinisten zu tun, sondern mit einer neuen tschechischen Gesellschaft, deren politisches Denken nach fast dreißigjähriger Isolation wieder den Weg nach dem Westen sucht und findet, besonders nach Westdeutschland.

(Dezember 1979)

Zweisprachiges aus Krumau –
Aus der Heimat Adalbert Stifters

Die neue Schleuse an der Moldau unter dem Krumauer Schloß, noch vor der sanften Revolution von den kommunistischen Stadtvätern geplant und gebaut, ist für die Wassersportler eine Falle. Vom reißenden Strom werden die leichten Kanus und Kajaks gegen eine Wand aus grauem Granit geschleudert und kentern. Den Touristen, die zu der Schleuse kommen, um die romantisch gekrümmten Häuser am rechten Moldauufer zu fotografieren, die in den Jahren 1907 bis 1917 Egon Schiele in seinem weltberühmten Bilderzyklus »Die tote Stadt« mehrmals gemalt hat, wird hier ein grausam realistisches Theater geboten: Von Trümmern ihrer Boote umgeben, kämpfen Menschen im reißenden Strom um ihr Leben.

Hundert Meter oberhalb der Schleuse, auf dem Burgfelsen, wird das weltberühmte, in den Jahren 1766 bis 1767 gebaute Krumauer Schloßtheater mit der ersten Drehbühne der Welt seit Jahren renoviert. Es soll nie wieder der Öffentlichkeit zugänglich sein, denn schon der Atem der Besucher könnte den dekorativen Bildern von J. Wetschal und L. Merkel schaden. Das stolze Schloß der Rosenberg, der Eggenberg und von 1719 bis 1947 der Schwarzenberg ist nur zum Teil zugänglich; der berühmte Krumauer Turm mit dem ältesten Teil der Burg ist fast eine Ruine. Das ehemalige Café Fink, in dem Schiele einst Stammgast war und auf den Marmorplatten der Tische seine leicht erotischen Bildchen gemalt haben soll, ist heute eine Konditorei in einem verkommenen Haus mit abgebröckeltem barocken Verputz.

Die Altstadt mit ihren einst prächtigen Häusern aus der Zeit der Renaissance und des Barocks ist heute eine traurige Geisterstadt; die Deutschen wurden aus Krumau 1945 vertrieben, die Tschechen sind schon vor Jahren aus der Altstadt in die modernen Siedlungen am Stadtrand gezogen. Die Breite Gasse, die Herrengasse, der Parkan mit geschichtsträchtigen Häusern aus dem 15. und 16. Jahrhundert, das Haus des Alchimisten von Ebersbach, das Haus mit dem Sgraffito des Krumauer Hornbläsers Gregor Schampera aus dem Jahr 1570 sind entweder verlassen oder werden von Zigeunerfamilien bewohnt. Die ehemalige Spitalkirche ist eine Ruine, das 1350 gegründete Kloster der Franziskaner und Klarissinnen verfällt. Nur das Jesuitencollegium, 1590 von B. M. von Argon im Auftrag von Wilhelm von Rosenberg in der Oberen Gasse gebaut, wird mit großem Aufwand und mit Geschmack renoviert. Noch im Herbst 1990 soll hier für westliche Touristen das Hotel »Zur Rose« eröffnet werden. Auf die Frage, was mit dem Hotel werde, wenn die Kirche durch ein neues Gesetz alle ihr im Jahr 1949 und danach von den Kommunisten genommenen Gebäude zurückbekomme, weiß in Krumau keiner eine Antwort.

Im Bezirksmuseum von Český Krumlov-Krumau, dem ehemaligen, erst unlängst gut renovierten Jesuitenseminar, wurde der zweite Schritt – vom ersten wird noch die Rede sein – zurück nach Europa getan: Das Bezirksmuseum eröffnete hier in Zusammenarbeit mit dem Oberösterreichischen Landeskulturamt und mit dem Adalbert-Stifter-Institut in Linz zwei Ausstellungen: eine ist dem

Krumau: das ehemalige Café Fink, Egon Schieles Stammlokal.

1805 im südböhmischen Oberplan geborenen Adalbert
Stifter gewidmet, die zweite Egon Schiele, dem Sohn eines
österreichischen Eisenbahnbeamten aus Tulln an der Donau und von Marie, geborener Soukupová, aus einer Krumauer tschechischen Familie. Manche Kunsthistoriker sehen in Egon Schieles österreichisch-tschechischer Herkunft den Schlüssel zur Bestimmung seiner Persönlich-
keit. Schiele war aber keine Ausnahme. Eine solche Mi-
schung der Nationalitäten, der Sprachen und Kulturen
war in Mitteleuropa geläufig. Hat doch diese typisch öster-
reichisch-tschechische Melange solche Genies hervorge-
bracht wie Gustav Mahler, Sigmund Freud, Franz Kafka,
Robert Musil, Ödön von Horváth, Karl Kraus, Georg
Trakl, Alfred Kubin, Oskar Kokoschka. Die zwei Ausstellungen in Český Krumlov sind zweisprachig – das hatte es
mehr als ein halbes Jahrhundert lang nicht gegeben.
Die Kataloge sind in tschechischer und deutscher Sprache
verfaßt, die Exponate zweisprachig beschriftet. »Ich finde
es schon wegen der vielen Touristen aus Österreich und
aus Deutschland in Ordnung«, sagt ein junger tschechischer Lehrer und fügt nach einer Pause hinzu: »Tja, und
nicht nur wegen der Touristen... Eigentlich ist das Deutsche für uns heute wieder eine westliche Sprache.«
Der erste Schritt zurück nach Europa wurde in Krumau
bereits ohne großes Aufsehen im Februar 1990 getan.
Damals wurde in Český Krumlov, deutsch Krumau, der
überhaupt erste tschechische Adalbert-Stifter-Verein gegründet. Die zwei Begründer des Vereins, die Doktoren
der Philosophie Eva Davidová und Jan Müller, wollen an
die zwischen 1945 und dem Herbst 1989 vergessenen oder
verbotenen kulturellen Traditionen anknüpfen; der
Böhme deutscher Sprache, zugleich auch Österreicher
Adalbert Stifter, unweit von Krumau geboren und mit

seinem literarischen Werk eng mit dem Böhmerwald auf
beiden Seiten der Grenze verbunden, gehört zu den be-
rühmtesten Persönlichkeiten der Krumauer Region. Hier
ist er zu Hause.

Der Krumauer Adalbert-Stifter-Verein sieht sich nicht nur
als eine Gesellschaft zur Pflege und Erhaltung der vergangenen Tradition; er beteiligt sich mit seinem Einfluß an
der Politik und der Erneuerung des kulturellen Lebens in
der Region. Schon für das nächste Jahr denkt der Adalbert-Stifter-Verein an die Erneuerung der Feier der fünf-
blättrigen Rose, eines Festivals des mittelalterlichen, des
Renaissance- und des Barock-Theaters im Schloßgarten,
und an die Wiederbelebung der Passionsspiele in Hořice.
Der Verein hat sich bereits ein Mitspracherecht bei der
Entscheidung über das Schicksal von Dörfern dicht an der
Grenze gesichert, die bis Frühling 1990 im militärischen
Sperrgebiet lagen. Er wird auch bei der Ausarbeitung eines
neuen Konzepts für den Wiederaufbau der Region mitbe-
stimmen. Seine Hauptaufgabe sieht der tschechische
Adalbert-Stifter-Verein jedoch in der Erforschung der gemeinsamen   tschechisch-deutsch-österreichischen   Ge-
schichte der Region.

»Die kulturelle Landschaft von Český Krumlov, Krumau,
und das historische Erbe, sind ein gemeinsames Werk der
tschechisch und deutsch sprechenden Bevölkerung«,
schrieben Dr. Davidová und Dr. Müller im Juli 1990 in der
Bezirkszeitung. »Die Tabus müssen endgültig fallen, wir
müssen die Wahrheit über das Zusammenleben der Tschechen und der Deutschen erfahren. Wir dürfen auch nicht
mehr die großartige Rolle leugnen, die die katholische
Kirche und der Adel in der Geschichte der Region gespielt
haben.«

Český Krumlov, Krumau, ist durch die Vertreibung der

Deutschen und durch die mehr als vierzigjährige Herrschaft der Kommunistischen Partei gezeichnet. Die Probleme, die auf die Krumauer jetzt zukommen, sind sicher nicht in vier oder fünf Jahren zu bewältigen. Der historische Stadtkern ist schon mehr als zur Hälfte verfallen. Um sechs Uhr abends, wenn die Geschäfte schließen, ist Český Krumlov eine tote Stadt. Auf dem Marktplatz sitzen auf den steinernen Stufen vor der Mariensäule einige junge Zigeuner; manchmal singen sie ihre melancholischen Lieder. Bis zum Marktplatz hört man das wilde Wasser der Moldau schäumen, ab und zu Hilferufe von Wassersportlern. Die von sozialistischen Planern gebaute Schleuse soll noch in diesem Jahr in ihren ursprünglichen Zustand umgebaut werden. In der nächsten Saison soll gegenüber von Häusern, die Egon Schiele malte und weltberühmt gemacht hat, und unter der Burg von Rosenberg, der Eggenberg und Schwarzenberg, keiner mehr kentern.

(August 1990)

GESPRÄCHE UND STREITGESPRÄCHE – DIE UNBEWÄLTIGTE BÖHMISCHE VERGAN-GENHEIT

Es war Jan Příbram, ein Historiker aus dem Prager »intellektuellen Halbuntergrund«, der in der Pariser tschechischen Exilzeitschrift »Svědectví« (Nr. 56/1978) in seinem Artikel »Eine Geschichte mit bitterem Ende« die Kardinalfrage stellte, auf die die Tschechen und auch die Deutschen eine Antwort suchen müssen: Wie oft und wie lange werden wir noch versagen? Příbrams Frage, so wie ich sie begriffen habe, verlangte vor allem eine prinzipielle Abrechnung mit Mythen, die die zahlreichen Interpretationen der tschechischen wie auch der deutschen Geschichte des siebenhundertjährigen Zusammenlebens in Böhmen und Mähren belasteten, 1938 zu dem von Hitler aggressiv inszenierten Zusammenbruch der tschechoslowakischen Demokratie und 1945 zur Vertreibung von 3,5 Millionen Deutschen aus der Tschechoslowakei führten.

Seit dem Tag, an dem Příbrams Artikel in Paris veröffentlicht wurde und die Zeitschrift nach Prag geschmuggelt war, beschäftigt eine großangelegte Diskussion über die böhmische Vergangenheitsbewältigung nicht nur die geistige Opposition in Prag, sondern auch das tschechische Intellektuellen-Exil. In den zwei Jahren der heftigen Auseinandersetzungen über die Vertreibung der Deutschen haben sich im tschechischen Lager in Prag und im Exil zwei Gruppen gebildet, die sich über den Sinn der tschechischen Geschichte nicht einigen können. Die erste Gruppe behauptet, die tschechische Geschichte habe im Kampf gegen die Deutschen in Böhmen und Mähren Sinn und Bestätigung gefunden. Die zweite dagegen formuliert ihren Standpunkt: Die Deutschen, im 13. Jahrhundert von König Wenzel I. als tüchtige Kolonisatoren ins Land gerufen, beteiligten sich seit jener Zeit gemeinsam mit den Tschechen an den kulturellen und wirtschaftlichen Entwicklungen. Trotz aller Schwierigkeiten, die sich der habsburgischen Monarchie mit ihren Germanisierungstendenzen und den Pangermanisten, in Böhmen als »Ersatzgermanen« verpönt, in den Weg stellten, waren die böhmischen Deutschen als Volksgruppe in Böhmen und Mähren zu Hause.

Die beiden Gruppen, durch eine Kluft der geschichtlichen Interpretation getrennt, sind bunt zusammengewürfelt. Die erste, Befürworter der Vertreibung, vereint auf eine bizarre Weise die heutigen Parteiideologen in Prag, die Reformmarxisten in der Opposition, die tschechischen Patrioten zu Hause und auch im Exil, also eine Gruppe, die zu den entschiedensten Gegnern des Marxismus und Sozialismus zählt. Jede dieser Gruppen hat allerdings längst von ihrer ideologischen Substanz, mit welcher sie in den »historisch notwendigen« Kampf gegen die Deutschen zog, viel eingebüßt. Am leichtesten machen es sich beim Thema Vertreibung der Deutschen die heutigen Machthaber, Ideologen und Propagandisten in Prag. Der Internationalismus aller Proletarier gilt dort zwar noch immer als ein unantastbares Dogma der marxistischen Lehre; was aber die Sudetendeutschen betrifft, wird das Dogma nur beschränkt angewendet: Auch der sudetendeutsche Proletarier ist zum nazistischen Verbrecher erklärt worden und gilt bis heute als solcher. Freilich, mit der Ausnahme der Sudetendeutschen, die in der DDR leben, die sind wieder zu Vorkämpfern des Sozialismus erhoben worden und durch allerhöchsten ideologischen Ablaß von der Schuld der Jahre 1938 bis 1945 freigesprochen.

Im Juni befaßte sich mit der Diskussion über die Vertreibung der Deutschen aus der ČSSR auch ein Experte des Prager Fernsehens, Žižka. Er gab zwar zu, daß bei der Vertreibung der Deutschen aus Brünn 1945 etwa 15 000 Menschen ums Leben gekommen seien, rechtfertigte aber zugleich das Verbrechen mit der Behauptung, alle Vertriebenen seien Nazis gewesen und bis heute geblieben. Žižka antwortete zugleich auf einen Leserbrief in der F. A. Z. Die Argumentation fiel dürftig aus. Aber man zog in Paris gegen die Diskussion über die Vertreibung noch in der Parteiwochenzeitschrift »Tvorba« (Nr. 25, 1980, Seite 8) zu Felde und ließ den Historiker Vojta Erban zu Wort kommen. Der sollte das Problem breiter als ein Kommentar des Fernsehens sehen. Die ganze Diskussion über die Vertreibung, schreibt Erban, diene nur dem Zweck, den Nationalismus, Chauvinismus, die großdeutschen Ansprüche und die »Geopolitik des Lebensraumes« zu beleben und den Antisowjetismus, Antikommunismus und eine der DDR und der ČSSR feindliche Stimmung zu erzeugen. All das, behauptet der Historiker Vojta Erban, stehe im Zusammenhang mit den westlichen Wahlen im Oktober 1980.

Differenzierter diskutieren über die Vertreibung der Deutschen und über die »Vergangenheitsbewältigung« die Prager Reformkommunisten im Untergrund. Aber auch die verstoßenen Genossen scheinen eher mit einer verblüffenden Vergeßlichkeit als mit Mut und Aufrichtigkeit ausgestattet. Der Prager Philosoph und Marxist Luboš Kohout spricht jedem das Recht ab, über die Vertreibung zu diskutieren, der nicht streng, treu und ergeben den historischen und dialektischen Materialismus und Marxismus als die Grundprinzipien seines Denkens und Handelns anerkenne. Die Partei hat zu entscheiden, wann, wie und wie lange über ein Problem zu diskutieren sei. Kohout zitiert in seinem Beitrag zur Vertreibung die Beschlüsse des XX. und XXII. Parteitages der sowjetischen Kommunisten, die ihm erst ermöglichen, über das Problem der Vertreibung nachzudenken. Nur ungern wohl wird sich Kohout an den Beschluß des VI. Parteitages der KPČ aus dem Jahr 1931 erinnern. Damals verkündeten die tschechischen Kommunisten: »Die Partei muß die verlogene und imperialistische These der tschechischen Bourgeoisie von der tschechoslowakischen Nation bekämpfen, welche als Mittel der nationalen Unterdrückung dient ... Die Partei muß ein konkretes Losungswort für Räumung deutscher Bezirke von der tschechischen Okkupationsmacht und von der Sicherung der Rechte der unterdrückten Deutschen aufstellen ... Gegen die Besetzung des deutschen Teiles von Böhmen durch die tschechischen Imperialisten! Für das Selbstbestimmungsrecht der Nationen bis zur Losreißung vom Staate!«

Jetzt reden die Marxisten und auch die von der Partei ausgestoßenen Reformer anders. Paradox ist auch dies: Die tschechischen Patrioten, die mit ihrer Denkweise noch immer im 19. Jahrhundert leben, finden sich jetzt in der Bewertung des Verbrechens an den Deutschen auf einem Standpunkt, der sie mit den Erzfeinden, den echten und unechten Reformkommunisten, vereint: Die Vertreibung der Deutschen war, historisch gesehen, notwendig. Es war eine vorbeugende Maßnahme, die das tschechische Volk vor schlimmen Folgen eines weiteren Zusammenlebens mit den Deutschen bewahrte. Die tschechischen Patrioten in Prag und im Exil berufen sich dabei auf die großen Traditionen, angefangen bei den großen böhmischen Königen aus dem Geschlecht der Przemysliden (ausgenommen Wenzel I.) über Jan Hus, František Palacký bis zu Masaryk und Beneš, mit dessen Versagen beim kommunistischen Putsch im Februar 1948 der Versuch einer tschechoslowakischen Demokratie ein klägliches Ende nahm. An der Sentimentalität, mit der die tschechischen Patrioten an den großen Versager der modernen tschechischen Geschichte Beneš zurückdenken, ist etwas Rührendes; die Hilflosigkeit, mit der sich die Prager Reformkommunisten ihren Erzfeinden, den westlichen Sozialdemokraten, die sie noch vor kurzem bekämpften, in die schützenden Arme werfen möchten, ist aber nur peinlich. Es gibt in Prag keinen Reformmarxisten, der sich in der Diskussion über die Vertreibung nicht auf Zitate von Willy Brandt, Helmut Schmidt und andere stützen möchte. Willy Brandt schrieb vor zwei Jahren über die »Sauberhaltung der Ideale des Prager Frühlings«; das verstehen die Prager Reformkommunisten zwei Jahre später als leisen Wink: Laßt doch die Diskussion über die Vertreibung ruhen.

Empört reagierten Luboš Kohout und Milan Hübl auf die Ansicht der Sozialdemokraten im Prager Untergrund, die in der tschechischen sozialdemokratischen Zeitung im Exil,»Pravo Lidu« abgedruckt wurde. Im Prinzip meinen die reformmarxistischen Genossen: Wenn wir, die einzig wahren Sozialisten, reden, dann haben die Sozialdemokraten zu kuschen.

Die Diskussion über die Vertreibung der Deutschen fiel in Prag mit dem Manifest der Charta 77 zusammen. Ein slowakischer Historiker, der unter dem Pseudonym Danubius in der Exilzeitung »Svědectví« (Nr. 57, Jahrgang

1978) seine »Thesen zur Aussiedlung der tschechoslowakischen Deutschen« veröffentlichte, hatte sie offensichtlich so formuliert, daß sie ein wenig provozieren und durch Vereinfachungen und Einseitigkeit das tabuisierte Thema der Vertreibung mit einem Schock den tschechischen Intellektuellen in Prag und im Exil wieder in Erinnerung bringen wollten. Es geschah, was Danubius wohl erwartet hatte und was in Streitgesprächen der Historiker in aller Welt üblich ist: Bevor ich überhaupt anfange, mit einem Kollegen zu streiten, der nicht meine Ansichten teilt, muß ich erst einmal ihm jede wissenschaftliche Qualifikation absprechen und seinen Charakter in Frage stellen.

Radomír Luža, seit 1948 in Amerika, jetzt Professor in New Orleans, ließ unverzüglich Danubius im Fachgebiet Tschechische Geschichte durchfallen. Die Verantwortung für die Vertreibung der Deutschen schob Luža den Alliierten in die Schuhe; die Grausamkeiten, welche die Deutschen 1945 zu erleiden hatten, sind für ihn ein Bestandteil der revolutionären Bewegung in der damaligen Zeit. Damit ist die Sache für ihn erledigt. Das Leiden von dreieinhalb Millionen Menschen soll kein Gesprächsthema sein. Mit gleicher Wucht wie Luža, der Sozialdemokrat, sind über Danubius die Reformkommunisten in Prag (Kohout und Milan Hübl) hergefallen. Die heftigen Attacken gegen Danubius' Thesen und gegen ihn persönlich zeugen von einem Trauma der Angreifer. Luža, 1945 ein blutjunger »revolutionärer Gardist«, trat damals in drei Fällen als Rächer, Richter und zugleich als Scharfrichter auf. Das hinterläßt Spuren.

Die Reformkommunisten, weniger oder mehr für die kommunistische Unterdrückung vor 1968 mit verantwortlich, leiden auch an einem Trauma: Von der Parteimaschine, die sie einst mit Begeisterung ins Rollen brachten, nun selbst überrollt, wollen sie unter keinen Umständen zugeben, daß sie sich mehrmals schrecklich geirrt haben. Sie müssen sich, verzweifelt und verunsichert, als ehrliche Kommunisten stilisieren und mit allen Mitteln beweisen, daß alles besser geworden wäre, wenn sie und nicht Husak, Honecker, Gierek und Breschnew an der Macht wären. Daß der Sozialismus in Osteuropa eine Katastrophe ist, dafür wollen die Reformkommunisten einzig die heutigen Machthaber verantwortlich machen. Sie vergessen dabei großzügig, daß sie selbst, bevor sie kaltgestellt wurden, mit aller Kraft den Aufbau des Sozialismus, bis zum bitteren Ende im August 1968, vorangetrieben haben. Die Reformkommunisten lassen auch heute nicht vom Alleinanspruch auf die Führung in der geistigen Opposition. Sie haben zu reden, nicht Danubius.

Es gab auch in der ČSSR Perioden, in denen es sich atmen ließ. Aber wenn jemand zu viel Luft holte und laut aufschrie, dann war es mit der entspannten Atmosphäre bald wieder vorbei. Von all den Entspannungsübungen, welche die Partei meiner Generation vorführte, ist nicht viel geblieben: ein von der Sowjetunion besetztes Land und ein paar letzte Mohikaner, die verkrampft versuchen, eine Art von degenerierter marxistischer Folklore schmackhaft zu machen. Die Reformkommunisten, die jetzt so vehement die Vertreibung der Deutschen verteidigen, haben bisher nicht begriffen, daß sie anachronistisch wirken wie die einstigen Nazis. Was blieb von den aufgeblasenen Aufmärschen in Eger, Karlsbad oder Prag zurück? Einige Millionen unglückliche Menschen, ein wenig sentimentale Folklore, die »Egerländer Musikanten« und die »Goldene Stimme« aus Prag, Karel Gott, der im Auftrag der Partei in Prag die Sudetendeutschen auf Schallplatten mit dem Lied tröstet »Das war der Böhmerwald, wo meine Wiege stand«.

Doch noch etwas blieb: die unbewältigte Vergangenheit, das Thema mit dem sich der slowakische Historiker Danubius befaßte. Er hatte es nicht nötig, abzuwarten, bis ihm ein zuständiger Genosse sagt: »So, Genosse, jetzt kannst du dich wieder für einige Wochen entspannen!« Danubius erkannte die tiefe Wunde im tschechischen Bewußtsein und in der Geschichte, und er schrieb darüber.

Die zweite Gruppe derer, die über die Vertreibung diskutieren, Intellektuelle, die wieder an die westliche humanistische Tradition anknüpfen wollen, haben es ebenfalls leicht. Die Schwierigkeiten innerhalb dieser Gruppe werden verständlich, wenn man in Betracht zieht, daß sie bunt gemischt ist und von überzeugten Christen über Liberale bis zum linken Flügel in der tschechischen Sozialdemokratie reicht. Schwierigkeiten bereiten dieser Gruppe, die einer Verständigung mit den Deutschen nicht ferne ist, vor allem die Sudetendeutschen selbst.

So zum Beispiel weist Ernst Nittner in seinen »Bemerkungen zur tschechischen Diskussion über die Vertreibung« auf das in der Brünner literarischen Zeitschrift »Host do domu« (Mai 1968) veröffentlichte »Dreigespräch über das Jahr 1945« (Vladmír Blažek, Jan Procházka und Milan Hübl) hin und interpretiert das erste freie Gespräch über die Vertreibung als einen tschechischen Anschluß an die geistige Entwicklung unter den vertriebenen Sudetendeutschen in der Bundesrepublik Deutschland. Das stimmt nicht. In diesem Dreigespräch, welches in der ČSSR des Jahres 1968 und auch in der Bundesrepublik sein breites Echo fand, ging es gar nicht um einen tschechischen »Anschluß« an die »Eichstätter Erklärung« (November 1949) oder gar an das »Wiesbadener Abkommen« (im August

1950 von General Prchala unterzeichnet, einem Mann, der das Abkommen nur für sich selbst und im Namen seiner kleinen Gruppe unterschreiben konnte; denn diese tschechische Exilgruppe hatte, zum Teil durch Kollaboration mit den Nazis belastet, in der Tschechoslowakei keine Unterstützung finden können). Und außerdem: keiner von der »Dreiergruppe«, die in »Host do domu« auch über die Vertreibung diskutierte, kannte damals die Abkommen, Beschlüsse und Erklärungen der Sudetendeutschen. Als Grundlage für die Diskussion über die Vertreibung diente seinerzeit, von Milan Hübl ins Gespräch gebracht, das Buch von J. W. Brügel »Die Tschechen und die Deutschen«, in der Bundesrepublik 1967 erschienen.

Auch nach 1968, als eine Gruppe tschechischer Intellektueller in die Bundesrepublik Deutschland emigrierte und Kontakte mit den Sudetendeutschen suchte, stellte sich bald heraus, daß die von der Sudetendeutschen Landsmannschaft seit 1949 verfaßten und angenommenen Erklärungen und Beschlüsse eher ein Hindernis auf dem Weg zum notwendigen Gespräch und zur Verständigung darstellen. Die »deutsche Seite« hatte sich in ihren Erklärungen festgelegt, entwarf großartige, aber politisch unrealistische Konzepte, die die »tschechische Seite« nicht akzeptieren konnte.

Die »Freie Gesellschaft zur Förderung der Freundschaft mit den Völkern der Tschechoslowakei e. V.«, von Luděk Pachman ins Leben gerufen, war zwar redlich bemüht, die Gespräche zwischen den Sudetendeutschen und den Tschechen zu fördern, aber das Unternehmen scheint jetzt an einem Punkt zu scheitern: Die Freie Gesellschaft ist für viele tschechische Intellektuelle im Exil und zu Hause zu sehr ins Fahrwasser der CDU/CSU geraten, die schließt dadurch die Mitwirkung der tschechischen Liberalen und der starken sozialdemokratischen Gruppe im Exil aus. Die Gespräche sollten, hört man aus Kreisen der geistigen Opposition in Prag, die eine Verständigung mit den Deutschen anstreben, mit den Vertretern aller Deutschen, also nicht nur mit den Deutschen einer politischen Richtung und einer Partei, geführt werden.

Die Ackermanngemeinde dagegen, eine Vereinigung der Vertriebenen, die sich über die Parteien und über die westdeutsche innenpolitische Auseinandersetzung hinweg, seit Jahren um eine Verständigung mit den Tschechen auf der Basis der westlichen Grundwerte des Christentums und der Humanität bemüht, hat mit ihrem tschechischen Pendant »Opus bonum« breite Unterstützung der exilierten Intellektuellen und der Prager geistigen Opposition gefunden. Als »Opus bonum« gemeinsam mit der Ackermanngemeinde im Frühling 1978 die tschechische Exil-Prominenz, Christen, Liberale, exilierte Reformkommunisten, Sozialdemokraten und Vertreter der »Sozialistischen Opposition«, zum Gespräch nach Franken einlud, kamen auch die, die sonst mit Rücksicht auf ihre politischen Freunde in Prag bisher allen solchen Treffen aus dem Weg gegangen waren.

Zdeněk Mlynář, einer der führenden Köpfe des Prager Frühlings 1968, jetzt in Wien im Exil, war einer der Mitautoren und Unterzeichner der »Erklärung von Franken 1978«, eines Dokuments, welches eine Ausgangsposition zu weiterem deutsch-tschechischem Gespräch bildet.

Die Erklärung von Franken 1978 erregte in Prag manches Gemüt. Das Zentralorgan der Partei, »Rudé Právo«, bezeichnete prompt alle tschechischen Teilnehmer an dem Gespräch in Franken als schlimmste Reaktionäre und Zdeněk Mlynář als einen Mann, der sich ganz in die Dienste der CSU einspannen lasse. Die Prager Reformkommunisten im Untergrund verwendeten gegen Mlynář denselben Wortschatz und dieselben Argumente wie die offiziell zugelassenen Ideologen, nur mit dem Unterschied, daß ihre Schelte gegen Mlynář stilistisch besser formuliert war als der Artikel im Parteiorgan. Man drohte aus Prag Mlynář mit einem Ausschluß aus der Bewegung der Reformmarxisten, falls er nicht sofort auf die einzig richtige ideologische Linie einschwenke. Zdeněk Mlynář antwortete in der Exilzeitschrift »Svědectví« mit der Frage: »Wovor haben wir eigentlich Angst? Die Beschuldigungen, daß jemand die Sudetengebiete an die Deutschen verkaufen möchte, gehört schon seit 1948 ins Waffenarsenal der kommunistischen Propaganda. Ich kann diese Argumentation, die das Regime gegen jeden beliebigen Oppositionellen gebraucht, nicht mehr hören und nicht ernst nehmen.«

Ein einfacher Mann, der irgendwo im einstigen Sudetenland wohnt, meldete sich zu Wort und schrieb: »Ich wohne seit Jahren in einem Haus, welches einst einem Deutschen gehörte. Habe ich also ein Recht, in die Diskussion einzugreifen, die auch mich betrifft? Manche, wie ich lese und höre, bewerten die Vertreibung der Deutschen als eine endgültige Lösung, die im Interesse der Sicherheit und der Souveränität des Staates war. Ich sehe es aber anders. Wie steht es denn heute mit der Sicherheit und der Souveränität unseres Landes? Davon ist nicht viel übriggeblieben... Beim besten Willen kann ich an der Vertreibung nichts Positives erkennen. Das ganze Grenzland, in dem ich wohne, stellt, mit Ausnahme einiger Städte, eine mitteleuropäische Kuriosität dar: ein verwildertes Land. Die Wunde, die wir uns selbst 1945 zugefügt haben, eitert noch heute. Für mich ist die Vertreibung nur eine zeitliche Unterbrechung eines Zusammenlebens mit den Deutschen. Wehe uns, wenn Radomír Luža, Luboš Kohout und Milan Hübl recht behalten sollten und wenn diese Unterbrechung genauso lange wie die ›ewige Freundschaft‹ zur UdSSR dauern sollte. Ihr habt, geehrte Herren, meine Existenz im Land, welches auch ich als meine Heimat betrachte, gefährlich gemacht. Ja, das böse Gewissen wird wohl noch lange ein Phänomen jeder tschechischen Generation bleiben. Auch die unsere hat schon eins.«

Jaroslav Hutka, der dreißig Jahre alte im holländischen Exil lebende tschechische Protestsänger, ging mit der tschechischen Geschichte noch härter ins Gericht: »Das tschechische Nationalbewußtsein ist ein mittelalterliches Ungeheuer, aus Asche des verbrannten Jan Hus und aus dem Erdklumpen, über den Jan Comenius stolperte, als er ins Exil getrieben wurde, zusammengeknetet. Die Romantiker machten aus uns im Kaminfeuer der Gotik geselchte Löwen, die leider am Anfang der Renaissance aus unerklärlichen Gründen heldenhaft zu krepieren begannen ... Politisch betrachtet, sollen wir schon 200 Jahre ein demokratisches Volk und unehrliche Diktatoren haben, moralisch überlegene Individualisten und eine feige Masse. Nein, wir haben keinen Grund, stolz zu sein und sind es auch nicht mehr ... Wir haben dreieinhalb Millionen Menschen aus dem Land vertrieben, die es wagten, siebenhundert Jahre bei uns Deutsch zu sprechen. Leider haben wir damit einen Rassismus verwirklicht, wie wir ihn vom Dritten Reich kannten ... Zum Glück sind die Sudetendeutschen ein Kulturvolk und erinnern uns an das Jahr 1945 nicht mit Hilfe palästinensischer Molotow-Cocktails.«

In der seit zwei Jahren andauernden Diskussion über die Vertreibung der Deutschen, die ihren Schwerpunkt nicht im Exil hat – die Exilzeitschrift »Svědectví« dient nur als

Diskussionsforum –, sondern in der geistigen Opposition in Prag, geht es nicht um die Aufstellung und Festlegung politischer Programme oder unrealistischer Konzepte für die Zukunft. Das Wichtigste wurde in den vergangenen zwei Jahren vollbracht: Die Hürden jahrzehntelangen Mißtrauens zwischen Tschechen und Deutschen sind gefallen. »Die Vertreibung ist weniger ein nationales Phänomen als ein Faktum, das dem übergeordneten Bereich der Humanität und der Grundrechte zugehört«, schrieb im deutschen Beitrag zur Diskussion J. W. Brügel. Seine Worte sind der feste und realistische Ausgangspunkt, an dem die tschechisch-deutschen Gespräche über die Vertreibung fortgesetzt werden können.

Die Prager Regierenden möchten die Diskussion für ihre Propagandazwecke mißbrauchen. Sie wissen: Jede Suche nach der Wahrheit bedeutet für ein totalitäres System eine Gefahr. Das Gespenst der sogenannten sudetendeutschen Chauvinisten und Revanchisten geistert heute nicht einmal mehr in den Köpfen der Reformmarxisten. Es heult und spukt nur im Prager Rundfunk, im Fernsehen und auf den Seiten der Parteipresse. Es gab Zeiten, da die deutschen Gespenster noch eine Wirkung hatten; heute sind sie farblos gewordene Illustrationen, ein wenig peinlich und lächerlich.

(Oktober 1980)

Die ersten Vertriebenen waren Juden –
Aus der Geschichte von Pilsen

Damals, im Jahre 1892, als die Synagoge gebaut wurde, durften nach langer Zeit Juden wieder in der Stadt leben. Das antisemitische Unheil hat in Pilsen eine lange Geschichte: Am 2. September des Jahres 1503 beschlossen die Pilsener Ratsherren und Ältesten, »daß alle Juden, die einheimischen wie die fremden, in Judenmänteln gehen müssen, damit sie von anderen Leuten erkannt werden können, und ihre Weiber sollen in Schleiern mit gelben und breiten Rändern gehen, unter der Strafe von fünf Groschen, sooft sie anders gekleidet auf der Straße gesehen werden«. Ein Jahr später, am 1. November 1504, schrieb König Wladislaw II. von Böhmen und Ungarn nach Pilsen: »Wir erteilen dieser Stadt und ihren Einwohnern die Macht dazu, daß sie die Juden aus der Stadt ausweisen können, wann immer es ihnen gut erschiene und gefiele, und dies ohne irgendein Hindernis von Uns und den künftigen böhmischen Königen, wobei Wir wollen, daß sie diese Unsere Gnaden, wie obenstehend ihnen von Uns verliehen und gegeben, genießen können.« Die Pilsener nahmen das ihnen erteilte – so steht es wörtlich in dem Buch des Stadtschreibers – »allesbesonderste überruhmreiche Privilegium« an und jagten unverzüglich alle Juden aus der Stadt.

Erst Anfang des 19. Jahrhunderts wagten es wieder 32 Juden, sich in Pilsen niederzulassen. Im Jahr 1821 wurden

sie aufgrund des königlichen Privilegs aus dem Jahr 1504
wieder vertrieben. Die tschechischen und die deutschen
Geschäftsleute atmeten erleichtert auf; die jüdische Kon-
kurrenz war für mehr als 30 Jahre aus der Stadt verschwunden. Im Jahre 1854 lebten in Pilsen 41 jüdische
Familien, insgesamt 249 Personen. Es wurde ihnen er-
laubt, eine kleine Synagoge zu bauen, sie durften aber
nicht Mitglieder von Vereinen werden, und es wurde ihnen streng verboten, an öffentlichen Feiern, an Veranstal-
tungen, auch an Schwimmfesten und an Feiern zu Kaisers
Geburtstag, teilzunehmen. Am 26. Februar 1866 kam es
in Pilsen wieder einmal zu antisemitischen Ausschreitun-
gen. Anlaß war der Diebstahl des sogenannten Příbramer
Silbers, das von den Dieben − christlichen Bergleuten aus
Příbram − an drei Prager Juden verkauft wurde. Dafür
mußten neun jüdische Familien in Pilsen büßen. Aufgebrachte Bürger plünderten ihre Wohnungen. Pilsen,
durch sein Bier weltberühmt, war damals eine Stadt von
23 000 Einwohnern, 1200 von ihnen waren Juden.
Mit dem Bau einer der prächtigsten Synagogen in Europa
feierten die Pilsener Juden, seit dem Jahre 1866 wesent-
lich an der Entwicklung der Stadt zum Industriezentrum
der Monarchie beteiligt, nach fast vier Jahrhunderten ihre
Rückkehr in das gesellschaftliche Leben. Die neue Synagoge, in Pilsen der »Tempel« genannt, wurde als erster
sakraler Bau in der Monarchie mit einer Warmlufthei-
zung ausgestattet. Die Orgel, von den Gebrüdern Brauner
gebaut, gehörte zu den wertvollsten in Böhmen.
Am 15. März 1939 besetzte die deutsche Wehrmacht
auch Pilsen. Drei Tage später haben sich Pilsener Juden
zum letztenmal in der Synagoge zum Gebet versammelt.
An diesem Tag hat der Kantor, dessen Name heute bereits vergessen ist, zum letztenmal auf der Orgel gespielt.

Diente seit 1948 als Lagerhaus: Synagoge in Pilsen.

Seit jenem Tag ist die Synagoge verlassen, die Orgel ist stumm.

Die Gestapo in Pilsen hatte schon im April 1939 einen Plan zur Sprengung des Gebäudes ausgearbeitet. Eine Notiz der Pilsener Gestapo vom 30. Juni 1939 erklärt, weshalb die Synagoge nicht zerstört wurde: Man wollte nicht durch eine Sprengung der Synagoge die Gemüter der Arbeiter der Škoda-Werke, die erstklassige Kanonen herstellten, reizen. Auch hätte eine Sprengung des Gebäudes Schaden an den benachbarten Häusern verursacht, die deutschen Familien gehörten. Die Gestapo-Leute »begnügten« sich damit, den Davidstern über dem Haupteingang zu beseitigen und durch ein sechseckiges Fenster zu ersetzen. Nach dem Sieg sollte die Synagoge in eine Turnhalle umgebaut werden.

»Von den 3200 Pilsener Juden überlebten Auschwitz nur 200«, berichtet Walter Günsberg, der Sekretär der Pilsener jüdischen Gemeinde. »Heute hat die Gemeinde nur 75 Mitglieder in Pilsen und in der Umgebung und 59 Mitglieder in der Gegend von Karlsbad. Und mit diesen wenigen Leuten müssen wir 62 jüdische Friedhöfe in Westböhmen betreuen, die religiöse Aktivität erhalten, uns um unsere alten Mitglieder kümmern und vor allem uns bemühen, die Synagoge mit neuem Leben zu füllen.«

Die Synagoge mitten in der Stadt ist das schlechte Gewissen von Pilsen. Eine Vergangenheitsbewältigung im Hinblick auf den Antisemitismus dort hat es bisher nicht gegeben. »Schließlich haben wir unseren Juden nichts angetan, für alles sind ja die Deutschen verantwortlich«, sagt ein alter Herr vor dem Zeitungskiosk gleich gegenüber der Synagoge. »Na ja, es gab einst Kummer mit den Juden, wissen Sie, unsere Isaaks und Rachels sprachen nämlich immer nur deutsch.

Aber das ist schon vorbei, das ist schon längst Geschichte.«
Der Verfall der Synagoge scheint heute keinen zu stören, ja
nicht einmal jemanden zu interessieren. Die Zeitungsver-
käuferin zieht die Augenbrauen hoch, sieht den Fragestel-
ler fast verächtlich an: »Woher soll ich wissen, was da
drüben steht? Es soll etwas Jüdisches sein, ein Tempel
oder so was. Nicht der Rede wert.«

»Nachdem die Kommunisten im Jahr 1948 die Macht im
Staat übernommen hatten, erlaubten sie unserer Ge-
meinde nicht einmal, frei zu atmen. Unsere Synagoge
wurde als Lagerraum der staatlichen Molkerei und anderer Betriebe mißbraucht. In dieser Zeit wurde auch der
Elektromotor zum Aufpumpen des großen Blasebalgs der
Orgel gestohlen. Und was soll mit der Synagoge heute
geschehen? Ich weiß es nicht.« Günsberg zuckt mit den
Schultern, seine Stimme wird heiser.
Die Stadt Pilsen hat sich seit dem Jahr 1945 um die
Synagoge nicht gekümmert. Mitte der achtziger Jahre
wollte die jüdische Gemeinde das Gebäude dem Staat
schenken. Sie schlug vor, den herrlichen Raum mit einer
hervorragenden Akustik, in dem tausend Menschen Platz
finden, für Orgelkonzerte oder als Konzertsaal zu nutzen.
Die Verhandlungen mit der Stadtverwaltung sind immer
wieder an der einzigen Forderung der Pilsener Juden ge-
scheitert: Die Stadt solle sich finanziell an der Renovierung des halbverfallenen Gebäudes der jüdischen Gemeinde und der alten Synagoge beteiligen.
»Seit dem 17. November 1989, als auch in Pilsen die
Kommunisten endlich die Macht verloren, wurden die seit
Jahren zaghaft geführten, und immer wieder unterbrochenen Verhandlungen über das Schicksal der Synagoge nicht
weitergeführt«, sagt Günsberg traurig. »Es soll in Pilsen
kein Geld für die Renovierung geben, wahrscheinlich aber

gibt es auch kein Interesse, diese so eng mit der Geschichte der Stadt verbundenen Kulturdenkmäler zu erhalten.«

Vor einiger Zeit unterbreitete Günsberg den Pilsener Stadtvätern einen weiteren Vorschlag der jüdischen Gemeinde zur Lösung der Schwierigkeiten mit der Synagoge: Sie solle zu einem Tempel der Versöhnung, zu einer Begegnungsstätte von Christen und Juden umgebaut werden. Aber auch dieser Vorschlag stieß in Pilsen auf taube Ohren und verschlossene Herzen. Die Worte von Walter Günsberg klingen bitter, er sagt: »Wir, die letzten Pilsener Juden, vegetieren immer noch am Rande der Gesellschaft. Jetzt können wir zwar aufatmen, aber das freie Atmen reicht nicht aus, von den Lasten der Vergangenheit befreit leben zu können.«

(Oktober 1990)

DIE VERSCHWIEGENE VERGANGENHEIT – EIN TABU-THEMA IN LESNÁ

Drei Bezirke in Westböhmen – Tachau, Eger, Falkenau – und die Stadt Karlsbad bilden seit Anfang April gemeinsam mit der Oberpfalz, mit Oberfranken und der benachbarten Gegend Sachsens die nach der Stadt Eger Euroregio Egrensis benannte europäische Region. Das Programm von Euroregio Egrensis formulierte der Landrat des Kreises Tachau, Kamil Báča: »Vor allem, auch noch vor den ökonomischen Vorteilen einer engen Zusammenarbeit mit unseren Nachbarn im Westen, geht es uns um die geistige Erneuerung des seit 1938 im böhmischen Grenzgebiet durch zahlreiche ideologische Roßkuren geplagten Menschen. Er muß sich an seine Geschichte erinnern und den Weg zurück ins Abendland finden.«

Der böhmische Landkreis Tachau und sein Nachbar Neustadt an der Waldnaab haben gleich nach dem Sieg der tschechischen Revolution im Herbst 1989 und nach der Öffnung der Grenze im Sommer 1990 Kontakte geknüpft. Der bayerische Landkreis half seinem böhmischen Nachbarn, wo er nur konnte. Einem Kinderheim in Plan brachten die Neustädter Spielzeuge, ein Gymnasium in Tachau bekam Computer, für Behinderte beschafften die Politiker aus Neustadt einige Rollstühle. Viele Firmen aus Neustadt und Umgegend bauen ihre Beziehungen zu den noch spärlich gesäten privaten Unternehmern im Landkreis Tachau aus. Mehr als 300 Böhmen fahren täglich über die Grenze zur Arbeit nach Bayern, die Meinung über die Pendler ist allerdings auf beiden Seiten der Grenze geteilt.

»Der Umstand, daß 300 hochqualifizierte Facharbeiter nicht zu Hause, sondern hinter der Grenze arbeiten, nutzt den Arbeitern, jedoch nicht unserer Wirtschaft«, sagte ein tschechischer Landrat in Tachau. Er sprach auch von einer neuen, schleichenden Korruption: »Wenn ein Arbeiter in Neustadt im Monat 2000 Mark verdient, die harte Mark zu Hause zum offiziellen Kurs umtauscht, dann verdient er dreimal soviel wie ein Minister in Prag und verliert das Interesse daran, in Tachau für schlechtes Geld genauso fleißig und qualifiziert wie in Bayern zu arbeiten. Die harte Mark verdirbt, ohne es natürlich zu wollen, seinen Charakter.« Rudolf Tomšů, Redakteur der Zeitschrift »Ozvěny« (»Das Echo«), sieht das Problem der böhmischen Pendler anders: »Wenn unsere Leute in Bayern arbeiten, dann lernen sie viel dazu, sie verdienen, an unseren Verhältnissen gemessen, großes Geld. Sie werden es aber früher oder später mit ihren Erfahrungen aus Bayern zu Hause investieren.« Ein Kreisrat aus Neustadt, Mitglied der SPD, möchte lieber als böhmische Gastarbeiter in seinem Landkreis deutsche Gastunternehmer im Kreis Tachau investieren und Arbeitsplätze schaffen sehen.

Stolpersteine

Als Unternehmer sind in der Euroregio Egrensis die Prämonstratenser ein Vorbild. Als sie nach vierzig Jahren im Sommer 1990 wieder in ihr altwürdiges, im Jahr 1193 gegründetes Kloster in Tepl zurückkehrten, flammte ihr unternehmerischer Geist gleich auf. In Zusammenarbeit

mit einer Bierbrauerei im bayerischen Waldsassen werden
Mönche nach mehr als fünfzig Jahren wieder nach einer
Rezeptur aus dem 12. Jahrhundert ihr einst berühmtes
Bier brauen. Das Geld haben die Prämonstratenser bitter
nötig: Allein die notdürftigen Reparaturen, die das Klo-
ster, unlängst noch eine Kaserne, binnen drei Jahren be-
werkstelligen muß, werden an die fünfzehn bis zwanzig
Millionen Kronen verschlingen.

Die Stolpersteine, die den Menschen in der Euroregio
Egrensis auf ihrem Weg zurück nach Europa eine nur zum
Teil – oder zum eigenen Vorteil – bewältigte Vergangenheit legte, sind nicht zu übersehen. Für die Tschechen in
der Region ist wichtig festzustellen: Die achthundert Jahre
gemeinsamer Geschichte der Tschechen und Deutschen –
oder der Sudetendeutschen und der Tschechen – wurde
nicht erst 1945 mit der Vertreibung der Deutschen beendet, sie ging schon im Herbst 1938, mit Hitlers Okkupation der Rest-Tschechoslowakei im März 1939 und mit
dem Terror der Nazis gegen die Tschechen und Mährer in
die Brüche. Von den achthundert Jahren Tradition blieben innerhalb der historischen Grenzen des einstigen böhmischen Königreichs nach 1945 nur ein geschichtsträchti-
ger Trümmerhaufen, eine leidenschaftliche Feindschaft
und ein tiefes Mißtrauen zurück.

Kein Wunder also, daß im Dorf Lesná Anfang Januar
1990, als Staatspräsident Havel sich in seiner Neujahrsan-
sprache öffentlich für die Vertreibung der Deutschen aus
der Tschechoslowakei entschuldigte, die örtliche Feuer-
wehr ausrückte, um die Landstraße aus dem bayerischen
Georgenberg nach Böhmen für den Fall einer Rückkehr
der vertriebenen Sudetendeutschen zu bewachen und zu
verteidigen. Die Angst vor den Deutschen steckt den 450
Bewohnern von Lesná, vorwiegend rumänischer Abstam-

mung und Mitglieder der orthodoxen Kirche, tief in den
Knochen und im Kopf. Es gibt in Lesná nämlich ein
tabuisiertes Thema, das die Leute quält und das ihren
Umgang mit den Sudetendeutschen, die heute sehr oft ihre
einstige Heimat besuchen, ziemlich schwermacht. »Die
Herzlichkeit, mit der die Sudetendeutschen aus Lesná in
ihrem Heimatdorf als Gäste empfangen werden, ist verkrampft. Man plaudert miteinander, man trinkt Bier, aber
über das Wesentliche wird kein Wort gesagt. Fragen Sie
die Leute in Lesná nach dem deutschen Friedhof«, sagte
mir ein alter Mann aus dem bayerischen Floss, seit seiner
Vertreibung im Jahr 1945 zum erstenmal zu Besuch in
Lesná.

SCHULTERZUCKEN

Im Dorf gibt es nämlich keine deutschen Gräber mehr.
Irgendwann in den fünfziger Jahren wurden die deutschen
Toten aus mehr als vier Jahrhunderten ausgegraben, in
einen Hohlweg geworfen und mit der Planierraupe zugeschüttet. Der Mann aus Floss konnte nach 46 Jahren auf
den riesigen Feldern des staatlichen landwirtschaftlichen
Betriebes den Hohlweg mit den Gebeinen seiner Vorfahren
nicht mehr finden. In Lesná habe ich drei Frauen und einen
Mann nach dem zugeschütteten Hohlweg gefragt und bekam keine Antwort. Sie zuckten mit den Schultern, sie
seufzten, sie wollten nichts Genaues wissen, nur der Mann
erinnerte sich zaghaft und beschämt: Als die katholische
Kirche im Dorf nach der Umsiedlung der Deutschen den
orthodoxen Gläubigen übergeben wurde, hat man auch
den deutschen Friedhof aufgeräumt. »Aber«, fuhr der
Mann fort, »das ist schon so lange her, daß es wahrscheinlich besser ist, es zu vergessen.« Die drei Frauen starrten

ins Gras, und die Älteste sagte nach einer Weile verärgert: »Lassen Sie doch die Toten in Ruhe! Die Vergangenheit ist ein für alle Male gestorben!«

Der Bürgermeister von Lesná, Jan Baran, hat andere Sorgen. Die Vergangenheit ist für ihn vorbei. Er will die Zukunft richtig anpacken. Demnächst soll auf dem kürzesten Weg von Bayreuth über Georgenberg nach Marienbad ein Bus verkehren. In Lesná werden die Fahrgäste eine halbe Stunde Pause machen. Der Bürgermeister einer Gemeinde mit einer leeren Kasse wittert ein gutes Geschäft mit den durchreisenden Deutschen. Wenn es im Büro nichts zu tun gibt, baut er in der Nähe der zukünftigen Busstation mit seinen eigenen Händen und mit zwei Gehilfen eine kleine Konditorei, den ersten Betrieb im Eigentum der Kommune.

Die mehr als vierzig Jahre verschwiegene Vergangenheit im Landkreis Tachau, der sich stolz und mit viel Hoffnung in die Zukunft zu Euroregio Egrensis meldet, wird immer lebendiger. Die sieben oder acht geschleiften Dörfer, die auf keiner tschechischen Landkarte verzeichnet sind, erzählen ihre vergessen geglaubte Geschichte: In dem zerfallenen Gemäuer des Friedhofes von Jedlina, deutsch Neu-Losimtal, einem Dorf an der Grenze, das es nicht mehr gibt, wurde noch vor zwei Jahren bei schlechtem Wetter oder für die Nacht eine Herde von Kühen zusammengetrieben. Die Bullen wurde an aus Eisen geschmiedete Kreuze angekettet. Am 5. August 1990 wurde der Friedhof neu eingeweiht, die wenigen Grabsteine, die übriggeblieben waren, sind wieder aufgestellt, die Friedhofsmauer ist renoviert.

Die Sudetendeutschen, die ihre neue Heimat auf der anderen Seite der Grenze im Landkreis Neustadt an der Waldnaab gefunden haben, spendeten für die Renovierung der

Friedhofsmauer 100 000 Kronen, 50 000 Kronen machte der Kreisrat Kamil Báča locker.

Maria D. aus Floss hat in den 46 Jahren nach ihrer Vertreibung den Lindenbaum am Grab ihrer Eltern auf dem Friedhof im Neu-Losimtal nicht vergessen. Inzwischen ist

Was Maria Döring in ihrem Dorf Jedliny noch fand: der Sockel, auf dem bis 1945 der böhmische Brückenheilige Johannes von Nepomuk stand.

der Lindenbaum mächtig gewachsen, die Grabsteine sind
verschwunden, aber die 80 Jahre alte Frau hat den Baum
sofort erkannt. Das Haus, in dem sie geboren und aufge-
wachsen war, gibt es nicht mehr. Sie hat nur den Brunnen
gefunden. Noch vor wenigen Monaten lag der uralte Brunnen, aus dem die Familie seit mehr als vierhundert Jahren
Wasser schöpfte, mitten im Stacheldraht des Todesstrei-
fens. Einst lag der Brunnen direkt an der uralten Landstraße, die aus Prag nach Nürnberg führte. Kaiser, Könige, Kardinäle, Geschäftsleute, fromme Pilger, Gaukler
und Räuber haben das kühle Wasser aus dem Brunnen
getrunken. Heute ist er zugeschüttet und mit Brennesseln
verwachsen.

Mit der Vergangenheitsbewältigung wird es im Landkreis
Tachau viel schwerer sein als anderswo: Bei der letzten
Kommunalwahl im Herbst 1990 bekam die Kommunistische Partei im Landkreis 30 Prozent der Stimmen. Die
Kommunisten aber, von einer offiziellen Erklärung der
tschechischen Sozialdemokratie unterstützt, in der die
Vertreibung der Deutschen als gerecht bezeichnet wird,
wollen von einer Zusammenarbeit mit den Deutschen und
von Euroregio Egrensis nichts hören. Für den Abgeordneten des Landkreises Tachau in der tschechischen Volks-
versammlung, Diplomingenieur Kraus, gibt es im Landkreis Tachau um dreißig Prozent mehr kommunistische
Wähler als unbedingt notwendig, aber er sieht in den
ideologisch verwaisten Genossen nicht die Hauptgefahr
für eine Verständigung mit den Deutschen. Die tüchtigen
Deutschen hätten es nach Hitlers Ende auch nicht in
anderthalb Jahren geschafft, ihre dreizehn Jahre unter der
Naziherrschaft zu bewältigen, sagt Petr Kraus. »Bis heute
haben die Deutschen mit ihrer Geschichte von 1933 bis
1945 Sorgen und Kummer. Und wir lebten unter der

kommunistischen Herrschaft mehr als vierzig Jahre lang. Um überhaupt über eine Vergangenheitsbewältigung des sudetendeutschen Problems ernsthaft diskutieren zu können, müssen wir zuerst unsere tschechische, seit einem halben Jahrhundert verfälschte Geschichte aufarbeiten.« Die Urkunde, mit der die Landkreise Tachau und Neustadt an der Waldnaab am 3. Mai eine kommunale Partnerschaft abgeschlossen haben, klingt ein wenig pathetisch; im großen und ganzen ist sie zu vorsichtig und zu allgemein formuliert. Aber: Es kommt nicht auf den Text einer Urkunde, sondern auf Tatsachen an: Im Landkreis Neustadt hat die enge Zusammenarbeit mit dem Landkreis Tachau die Zustimmung aller Parteien gefunden. Die 38 Kilometer lange Grenze zwischen den Landkreisen, noch vor zwei Jahren eine Stacheldrahtgrenze, ist heute offen. In der Neustädter Wirtschaftsschule lehrt Miroslav Branný aus Tachau sechzehn Schüler Tschechisch. Der Unterricht der tschechischen Sprache wird im bayerischen Grenzgebiet gefördert. Auf der anderen Seite der Euroregio Egrensis ist die deutsche Sprache keine Fremdsprache mehr, sondern nur eine andere Sprache, die man jetzt fleißig lernen muß. Das große Problem der Euroregio Egrensis aus der Sicht der Neustädter und Tachauer Landräte ist die von der bayerischen Grenze zehn bis fünfzehn Kilometer tief ins böhmische Inland entvölkerte Landschaft. Dieses von 1948 bis 1989 von der Zivilisation nicht berührte militärische Sperrgebiet wurde auf der böhmischen Seite eher aus Verlegenheit und weil keiner richtig wußte, was mit oder aus diesem Landstrich zu machen wäre, zum Naturschutzgebiet erklärt. Kamil Báča möchte lieber heute als morgen Unternehmer sudetendeutscher Herkunft oder kapitalkräftige Bürger aus dem Landkreis Neustadt zu Investitionen in dem seit 1945 fast menschenleeren Landstreifen an der Grenze einladen. Um die verzweifelte Lage, die die Landräte auf beiden Seiten der Grenze plagt, zu begreifen, muß man wissen: Der Landkreis Tachau ist heute 1400 Quadratkilometer groß und hat 51 000 Einwohner. Anfang des Jahres 1945 war er um ein Drittel kleiner, hatte aber fast 90 000 Bewohner. Das Problem der menschenleeren Landschaft an der Grenze kann eine Anordnung, die fast ein Drittel des Kreises zum Naturschutzgebiet erklärt, auf die Dauer nicht lösen.

Kamil Báča, Geist und Kopf der Verständigung mit dem deutschen Nachbarn, einer der Initiatoren von Euroregio Egrensis, will in der Zukunft mit Neustadt a. d. Waldnaab eine eigenständige, regionale Auslandspolitik machen. Kamil Báča kennt aber seine Möglichkeiten und seine Grenzen: Eine Einladung an die Sudetendeutschen zur Rückkehr in ihre alte Heimat ist aus Tachau nicht zu erwarten.

(Juni 1991)

Dörfer ohne Kirchenglocken –
Am Böhmerwald hat die
deutsch-tschechische Geschichte
wieder angefangen

Die Kirchenglocken aus Haidmühle und aus Bischofsreut sind die einzigen, die seit mehr als vierzig Jahren auf der böhmischen Seite der Grenze zu hören sind. Im Tusset, tschechisch Stožec, in České Žleby, deutsch Böhmisch Röhren, und in Strážný, deutsch klingt der Name des Dorfes, Kuschwarda, wie ein altslawisches Zauberwort, gibt es keine Kirchen und keine Glocken mehr. Die Kirchen in Strážný und in České Žleby wurden vor fünfundzwanzig Jahren gesprengt, die 1804 gebaute Wallfahrtskapelle unter dem Gipfel des Tussetberges war noch vor drei Jahren eine Ruine. Ein wachsamer Genosse aus Stožec wollte den Zugang zu den Überresten der Kapelle sperren: vom dreißig Meter hohen Felsengipfel kann der Wanderer Bayern sehen. Schon die Sehnsucht nach einem Blick über den Stacheldraht betrachtete der Genosse als politische Unzuverlässigkeit. In seiner Freizeit lag er im Gebüsch am Rande des Kreuzweges auf der Lauer, schrieb jeden auf, der auf den Berg pilgerte, und meldete ihn der Geheimpolizei.

Über hundertfünfzig Jahre führten drei Kreuzwege von drei Tälern zu der Kapelle unter dem Felsengipfel. Zwei Wege sind in den vier Jahrzehnten seit 1945 verwachsen; nur der Kreuzweg aus Tusset wird seit 1989, seit die Kapelle wieder aufgebaut ist, öfter benutzt. An acht Tan-

nen sind verrostete, handgeschmiedete Haken zu entdek-
ken. Die zwölf Bilder, die den Kreuzweg säumten, sind
kurz nach der Vertreibung der Deutschen 1945 verschwunden. Das Gnadenbild der heiligen Maria mit dem
Kind und mit der Rose, zweihundert Jahre vor dem Bau
der Kapelle bewundert und verehrt von allen Wanderern,
von Kaufleuten und von allen, die auf dem Goldenen Steig
durch die Wälder aus Bayern nach Böhmen und aus
Böhmen nach Bayern zogen, wurde 1956 aus der Kapelle
gestohlen und später in Bayern verkauft.
Im Gedenkbuch der Kapelle unter dem Tussetberg kann
der Wanderer in tschechischer Sprache lesen:
»12. 9. 1990. Wir lassen es nicht mehr zu, daß unsere
gemeinsamen tschechisch-deutschen Gedenkstätten dem
Verfall preisgegeben werden. Wir sind zum drittenmal auf
dem Tussetberg. Zweimal haben wir hier nur eine Ruine
vorgefunden. Heute, Gott und guten Menschen sei dafür
gedankt, müssen wir uns nicht mehr schämen. Familie
Samek.« Und eine Seite weiter deutsch: »16. 9. 1990. Wir
bitten den Herrn um Frieden und Völkerverständigung.
Wir sind glücklich, hier die Freiheit erleben zu dürfen.
Siegfried und Monika Stelling.« Ins Gedenkbuch haben
seit dem 1. Juli bis zum 1. November 1990 über hundert
Besucher auf tschechisch, zum größeren Teil auf deutsch
etwas geschrieben. Bis zur Vertreibung der Deutschen aus
dem hochgelegenen Tal zwischen Stožec und České Žleby
lebten hier über 3000 Menschen, heute sind es 120. Über
300 Grenzsoldaten bewachten seit mehr als vierzig Jahren
den acht Kilometer langen Grenzabschnitt zwischen Nové
Údolí, Stožec und České Žleby. In der ersten Kneipe auf
der böhmischen Seite, »Zur Forelle«, sprach ich mit dem
Oberleutnant der Grenztruppe Josef Kadlečík. Als Berufs-
soldat dient er in diesem Grenzabschnitt das achte Jahr.

»Wir, Berufssoldaten und Offiziere, hatten nicht Angst vor
dem Klassenfeind, vor westlichen Diversanten und schon
gar nicht vor den Amis und vor den Bayern. Uns saß Tag
und Nacht eine lähmende Angst vor unseren Vorgesetzten
im Nacken. Es war absurd, aber es war so: Viel wachsamer
als die Grenze haben wir unsere jungen Soldaten bewacht,
damit sie uns nicht in den Westen abhauen«, erzählte der
Oberleutnant. Er schüttete sein Herz aus: »In den acht Jahren meines Dienstes an der Grenze zu Bayern hat meine
Einheit, immerhin eine schwerbewaffnete Kompanie, zehn
Personen, bis 1989 vorwiegend Bürger der ehemaligen
DDR, die illegal in den Westen gehen wollten, abgefangen.
Aber zur gleichen Zeit wurden im Abschnitt Stožec über
300 Personen, sogenannte unberechtigte Grenzgänger,
nicht von uns Grenzsoldaten, sondern von Spitzeln in Zivil
der Geheimpolizei ans Messer geliefert. Für jeden gefangenen Grenzgänger gab es eine Belohnung zwischen 500 und
1000 Kronen. Neunzig Prozent der Bevölkerung in den
grenznahen Dörfern, Stožec nicht ausgenommen, verdien-
ten ihr Taschengeld als Spitzel. Als Spaziergänger und
Wanderer getarnt, überwachten sie für 15 Kronen die
Stunde alle Landstraßen und Wege, die zur Grenze führen.
Sie können es ruhig schreiben: Die Leute hier rissen sich
um diese schmutzige Arbeit. Und das schlimmste: Sie kamen sich dabei wichtig vor, sozusagen als Stützen der sozialistischen Gesellschaft. Jetzt ist dieser Spuk nach mehr
als vierzig Jahren auch an der Grenze vorbei. Aber den
Leuten hier fehlt das Gefühl, wichtig zu sein, Macht aus-
üben zu können. Mit Havels Demokratie können sie sich
nicht anfreunden. Zum Glück gaben bei der ersten freien
Wahl im Juni unsere jungen Soldaten im Wahlkreis Sto-
žec-České Žleby ihre Stimmen dem Bürgerforum. Nur so
sind die Kommunisten hier nicht mehr die stärkste Partei.«

Der Grenzabschnitt zwischen dem Dreisesselberg und České Žleby, abgesehen von den zwei Grenzübergängen bei Haidmühle–Nové Údolí und Philippsreut–Strážný, wird vom 1. Januar 1991 an nur von drei oder vier Beamten der Grenzpolizei bewacht. Oberleutnant Kadlečík setzt auf den Tourismus; in den zwei modernen, heute leeren Kasernen der Grenztruppe in Nové Údolí und unter dem Sulzberg will er vor Weihnachten zwei Imbißstuben einrichten. Wenn das Geschäft läuft, möchte er die Kaserne am südlichen Hang mieten oder kaufen und als Hotel einrichten.

»Die Lage ist günstig«, erzählte er. »Schon in diesem Winter werden im ehemaligen, immer wieder geackerten, glattgewalzten und verminten Todesstreifen, der dicht an den beiden Kasernen vorbeiführt, Loipen angelegt. Jetzt, da die Grenze offen ist, kommen bestimmt auch Skilangläufer aus Bayern zu uns. Bei mir kriegen sie eine gute Gulaschsuppe, hausgemachte Würstchen, böhmische Kolatschen, Kaffee und Tee.«

Der 1. Juli 1990 hat das Leben auf der böhmischen Seite der Grenze verändert. Damals wurde der Grenzübergang zwischen Haidmühle und Nové Údolí für Fußgänger und Radfahrer geöffnet. Die bis zu zehn Kilometer tiefe Sicherheitszone, die kein Zivilist ohne Bewilligung betreten durfte, der Stacheldrahtzaun und der verminte Todesstreifen sind verschwunden. In Haidmühle wurden bayerische, deutsche und tschechoslowakische Fahnen gehißt, es wurde gefeiert. In Stožec dagegen sah der örtliche Nationalausschuß, noch von Kommunisten beherrscht, keinen Grund zu feiern. Der Dichter Petr Pavlík, der seit zwanzig Jahren in Stožec lebt, hat den Genossen schon im Februar ins Gewissen gesprochen: »Wenn die Grenze geöffnet wird, dann werden wir uns für unser Dorf, für die verwü-

steten deutschen Friedhöfe, für die seit vierzig Jahren
vernachlässigte, geschändete und ausgebeutete Natur vor
den Deutschen schämen müssen.«
Genossin Mikešová, die Vorsitzende des örtlichen Nationalausschusses, entgegnete: »Auf der bayerischen Seite, in
Haidmühle, kann es doch nicht anders sein als bei uns!«
Der Nationalausschuß von Stožec rief dennoch die Bevölkerung zu einer »freiwilligen Brigade« auf, die vor der
Öffnung der Grenze wenigstens die umgestürzten Grabsteine und Kreuze auf dem verwüsteten deutschen Friedhof in České Žleby aufstellen sollte. Zum freiwilligen Ar-
beitseinsatz auf dem Friedhof kam aber nur einer, der
Dichter Petr Pavlík.

»GENOSSE, WAS WERDEN WIR TUN?«

Die Tussetkapelle auf dem Berg über dem Dorf hat zwei
Geschichten: Die erste begann mit der wunderbaren Hei-
lung des blinden Hufschmiedes aus Wollarn, Jakub Klau-
ser, der im Augenblick, als er im Traum das Bild der
heiligen Maria mit dem Kind und mit der Rose sah, sein
Augenlicht wiedererlangte, und sie endet im Jahr 1946, als
sich die letzten Deutschen hier kurz vor der Vertreibung
versammelten und Abschied von ihrer Heimat nahmen.
Die zweite, vom Sozialismus geprägte Geschichte der Kapelle ging 1956 zu Ende; seit damals war sie nur eine
Ruine. Als Mitte der achtziger Jahre zehn Kilometer westlich im bayerischen Philippsreut eine Kopie der Tussetkapelle gebaut wurde, kam dem Dichter Petr Pavlík ein
Zufall zu Hilfe. Der oberste Parteisekretär für Südböhmen
kam beschwipst ins Haus des Dichters. Er bekam Kaffee,
Rum, nach Rum Wodka und nach Wodka Sliwowitz.
Dann redete der Dichter dem Genossen in die Seele: »Ge-

nosse, was werden wir tun? Die Bayern bauen in Philippsreut eine Kopie unserer bereits zerstörten Kapelle. Das
dürfen wir uns doch von den Deutschen nicht gefallenlas-
sen! Sagen Sie, Genosse, ein Machtwort, wir werden unsere Kapelle aufbauen und denen drüben eins auswischen!«
Der Genosse Parteisekretär soll sich erhoben und mit
lauter Stimme gesagt haben: »Sie haben meinen Segen!
Richten Sie Ihre originale Tussetkapelle wieder her, damit
die Bayern drüben wissen, daß sie es hier nicht mit Barba-
ren, sondern mit kulturell veranlagten Leuten zu tun haben!«

1987 bis 1989 konnte die Kapelle aus Mitteln der Denkmalpflege neu gebaut werden. Damit begann für die Genossen in Stožec aber der ideologische Kummer. »Die
Kapelle kann nur über meine Leiche eingeweiht werden«,
erklärte Genossin Mikešová im März 1990. Sie schlug vor,
aus der Kapelle ein Museum der revolutionären Traditionen und des erfolgreichen sozialistischen Aufbaues im
Böhmerwald zu machen.

»Was wollen Sie in der Kapelle mitten im Wald ausstellen?
Die Ruinen der einst blühenden deutschen Dörfer? Bilder
der in die Luft gesprengten Kirchen? Die Art und Weise, in
der wir, nur um an Devisen heranzukommen, unserem
Wald einen Schlag nach dem anderen versetzen?« erwiderte der Dichter Petr Pavlík und schlug vor: Die Kapelle
solle als Erinnerungsstätte an die Menschen dienen, die
seit der Mitte des 18. Jahrhunderts das Tal zwischen Stožec und České Žleby besiedelt und kultiviert haben. Vor
allem wollte Petr Pavlík in der Kapelle an Josef Rosenauer
erinnern, den Erbauer des Schwarzenbergkanals, in dem
seit Ende des 18. Jahrhunderts bis in die sechziger Jahre
des 20., also mehr als 150 Jahre, Holz aus dem Böhmerwald in die Moldau und in die Donau hinabgeflößt wurde.

Bis Mitte der achtziger Jahre eine Ruine: die Tusset-Kapelle.

Die Genossin Mikešová fuhr den Dichter barsch an: »Rosenauer hin, Rosenauer her, die Deutschen haben in der
Geschichte des Böhmerwaldes nichts zu suchen, wir müssen sie ein für allemal vergessen!« Petr Pavlík platzte der
Kragen. »Wenn wir uns an nichts, was die Deutschen in
Böhmen aufgebaut haben, erinnern dürfen, dann müßten
wir auch halb Prag und achthundert Jahre aus der böhmischen Geschichte vergessen!«

Die Fortsetzung der fünfundvierzig Jahre unterbrochenen,
von den Kommunisten tabuisierten deutsch-tschechischen Geschichte im Böhmerwald hat die Genossen am
1. Juli 1990 überrumpelt. Die Bewohner von Stožec und
von České Žleby konnten zum erstenmal ohne Paß und
ohne Visa nach Haidmühle. Abends kamen sie schockiert,
manche beschämt nach Hause. Was sie in Haidmühle
gesehen hatten, war für sie schier unglaublich: Saubere,
gepflegte Häuser mit Blumen in jedem Fenster, gemütliche
Restaurants und Hotels, Geschäfte, die ihnen wie ein
Paradies vorkamen, und vor allem Menschen, die freund-
lich waren, keine verbitterten Klassenfeinde. Genossin
Mikešová, die Vorsitzende des Nationalausschusses, hat
den 1. Juli 1990 auch überlebt; sie war sogar dabei, als die
Kapelle unter dem Tussetberg zweisprachig, tschechisch
und deutsch, eingeweiht wurde.

Die bayerische Gemeinde, einen Kilometer von den westlichen Grenzsteinen von Stožec entfernt, hat den böhmischen Nachbarn Hilfe angeboten: Im Winter wollen die
Haidmühler ihre Schneepflüge über die Grenze bis nach
Stožec fahren lassen, für den Notarzt aus Bayern soll im
Notfall der nur tagsüber geöffnete Grenzübergang bei
Haidmühle auch in der Nacht aufgemacht werden. Die
benachbarten Feuerwehren sollen eine enge Zusammenarbeit anknüpfen. Ein Bäckermeister aus Haidmühle er-

klärte sich bereit, die Bewohner von Stožec und České Žleby täglich mit frischen Semmeln und mit Brot zu versorgen.

Die Vorschläge aus Haidmühle waren noch Anfang November von der Genossin Mikešová nicht beantwortet. So wird, wenn Mitte November der erste Schnee fällt, die Landstraße, die Stožec mit Bayern verbindet, verschneit und unbefahrbar bleiben, denn die Gemeinde auf der böhmischen Seite hat keinen Schneepflug. Die Schneepflüge werden von der 45 Kilometer weit entfernten Bezirksstadt Prachatitz zentral eingesetzt. Kranke Menschen werden in Stožec, wie schon über vierzig Jahre lang, auf den Notarzt aus Wallern oder aus Prachatitz im Sommer einen halben, im Winter auch einen Tag oder zwei Tage, je nach Witterung, warten müssen. Und wenn in Stožec am hellen Tag ein Haus brennen sollte, dann gibt es heute wie seit Herbst 1946, als die letzten Deutschen das Dorf verlassen mußten, außer Frauen und Kindern keinen, der das Feuer löschen könnte, denn die Männer arbeiten tagsüber im Wald. An täglich frisches Brot oder gar knusprige Semmeln erinnern sich in Stožec nur zwei alte Menschen, die hier schon vor 1945 mit den Deutschen gelebt haben.

»Ja, früher, vor der revolutionären Wende im Herbst 1989, war es viel lustiger in Stožec und Umgebung«, erzählte in der Kneipe »Zur Forelle« ein junger Waldarbeiter. »Die Genossen vom Zentralkomitee und Regierungsmitglieder kamen aus Prag in ihren Staatskarossen angefahren oder mit Hubschraubern angeflogen, ballerten in der Grenzzone vor und hinter dem Stacheldraht ein wenig herum, soffen sich dann entweder in ihren privaten Jagdhütten oder hier im Gasthaus mit uns, den Werktätigen, voll. Hier, an diesem Tisch, habe ich noch vor einem Jahr mit den größten Tieren aus Prag gesoffen. Und heute? Heute kommen bei gutem Wetter ein paar Radler oder Wanderer aus Bayern vorbei. Keiner braucht uns, und dabei haben wir vierzig Jahre der Republik gedient. Spendieren Sie mir ein Bier mit einem Klaren, und ich erzähle Ihnen die lustige Geschichte von František!«

»Von mir kriegen Sie die Geschichte umsonst erzählt«, grinste ein alter Mann. »František hat es nämlich übertrieben. So blieb den Genossen, die es mit ihm jahrelang gut meinten, schließlich nichts übrig, als František hinter schwedische Gardinen zu stecken. Denn wäre er nur einmal im Monat nachts über die Grenze nach Haidmühle geschlichen, um dort an gewisse Sammler aus der Bundesrepublik ausgemusterte Uniformen unserer Grenztruppe und höchstwahrscheinlich auch andere Wertsachen, ich meine Bilder und altes Zeug, zu verhökern, hätte man noch beide Augen zugedrückt. Aber als František zweimal in der Woche über die Grenze schlicht, übermütig und zugleich geldgierig wurde, und als er überhaupt nicht mehr im Sinn hatte, den Gewinn in harten Devisen mit seinen Lieferanten hier bei uns zu teilen, da war es Sense mit dem Geschäft. Die Lehre aus der Geschichte? Eine Hand wäscht die andere ...«

»Wurde František angezeigt?« – »Bei uns wurde keiner angezeigt, geschweige denn denunziert«, lacht der Mann. »Bei uns, lieber Herr, hat die örtliche Zelle der Partei alles sozusagen offiziell erörtert und dann einen Beschluß gefaßt. Hier an dieser Grenze, die noch unlängst das Ende unserer Welt, der Hoffnung und der Zukunft markierte, haben wir alle mit den Wölfen geheult. Und wer nicht mitheulen wollte, den haben die Biester gebissen oder aufgefressen. Ja, so einfach war es.« – »Und wie ist es heute?« – »Heute? Es sieht so aus, als hätten wir nach fünfundvierzig Jahren wieder eine Zukunft.« Der alte Mann hob sein Bier; die Furchen in seinem Gesicht wurden tiefer. »Hören Sie die Abendglocken aus Haidmühle?« fragte er. Ich hörte nichts. »Na ja«, lachte er nach einer Weile, »wir Menschen von der Grenze haben ein gutes Gehör. Und einen ausgezeichneten Riecher.« – »Und was riechen Sie jetzt?« – »Viel Schnee und einen strengen Winter.«

(Dezember 1990)

Im Schatten der Kernkraft – Sowjetische Atommeiler in Südböhmen

An allen Kreuzungen der Landstraßen rund um das südböhmische Dorf Temelín wurden die Wegweiser entfernt. Auf Seite 18 der neuesten Autokarte der Tschechoslowakei fehlen zwischen Vodňany und Týn nad Vltavou fünf Dörfer: Temelínec, Křtěnov, Knín, Březí und Podháj. Man hat die Dörfer Mitte der achtziger Jahre liquidiert, um genügend Platz für das, wie man damals sagte, sozialistische Kernkraftwerk zu haben. Vier sowjetische Atommeiler, die sogenannten VVER, mit einer Leistung von 4×1000 Megawatt, fast dieselben wie in Tschernobyl, sollten ab 1994 billigen Strom liefern. Nach der sanften Prager Revolution im Spätherbst 1989 und nach der politischen Wende wurde auf der Baustelle des Kernkraftwerkes eine Denkpause eingelegt. Sie war auch nötig, denn das Geld ging aus. Das Kernkraftwerk verschlingt jährlich mehr als 7 Milliarden Kronen. Jetzt ist die Denkpause vorbei, das Geld ist noch knapper geworden, aber die Blöcke 1 und 2 werden weitergebaut und mit westlicher Technik ausgerüstet. Wann die Blöcke 3 und 4 zu Ende gebaut werden, weiß heute keiner zu sagen. Eines nur ist sicher: Sie werden gebaut.

Der Weg von Vodňany nach Temelín führt durch eine anmutige südböhmische Landschaft an vielen Teichen vorbei. Auch die neueste Autokarte hilft nicht. Sie verwirrt, denn die meisten Landstraßen und die drei oder vier

Dörfer zwischen Vodňany und Temelín sind in ihr nicht eingezeichnet.

»Es kommen jetzt zu viele Schaulustige aus dem Westen«, antwortet mir ein Mann, als ich ihn nach dem Weg zu der Baustelle des Kernkraftwerks frage. Mit einem Stock prüfte er die Festigkeit des zugefrorenen Teiches, dann sieht er mich mißtrauisch an und fährt fort:»Wenn Sie bei uns gegen das Kernkraftwerk demonstrieren wollen, dann lassen Sie es gefälligst sein! Jeder soll, sage ich, auf seinem eigenen Atommisthaufen krähen. Als es um Wackersdorf ging, sind jeden Samstag Tausende Demonstranten, Kernkraftgegner und Friedenskämpfer aus der ganzen Bundesrepublik, ja die Österreicher bis aus Wien nach Bayern gereist. Zu uns, zur größten Baustelle eines Kernkraftwerkes auf der Welt, hatten es die Wiener und die Österreicher mindestens um 150 Kilometer näher. Einen Abstecher zu uns wagte aber keiner. Wir waren damals ein sozusagen sozialistisches Land, und Proteste gegen ein sozialistisches Kernkraftwerk paßten den westlichen Atomkraftgegnern und Friedensbewegungen nicht. Erst nach dem Weg der sanften Revolution kamen im Januar 1990 diese Protestler von Beruf, eine Greenpeace-Gruppe, mit ihrem eleganten Bus nach Temelín. Sie hängten auf einem der vier Kühltürme eine Parole gegen die Atomenergie auf und verteilten unter den Schulkindern Aufkleber gegen das Kernkraftwerk. Als aber die Greenpeace-Leute nach drei oder vier Tagen feststellten, daß sie bei uns keine große Aufmerksamkeit weckten, sogar das Fernsehen ignorierte sie, verschwanden sie und kamen nie wieder.«

»Sie sind gegen das Kernkraftwerk?« – »Noch vor anderthalb Jahren war ich dagegen. Jetzt ist es schon egal, ob ich dagegen oder dafür bin. Die Sache ist entschieden.«

Im Temelíner Kindergarten, im Schatten des Kernkraftwerkes, betreut Frau Jana Bizzariová nur 15 Kinder. Früher, vor dem Bau des Kernkraftwerks, waren es viel mehr. Damals gab es in Temelín sogar eine Volksschule. Frau Jana Bizzariová ist in Temelín ein Sonderfall. Noch vor einem Jahr wohnte sie mit ihrem Mann und mit zwei kleinen Kindern im nordböhmischen Braunkohlerevier, in der damals wie heute wohl am meisten verschmutzten und verseuchten europäischen Landschaft. Als Herr Bizzaria an der Baustelle des Kernkraftwerks Temelín Arbeit bekam, als ihm das Werk eine Wohnung zugeteilt hatte, zog die Familie nach Südböhmen, wo die Luft noch sauber ist, die Wälder noch leben, wo die Kinder noch in grünem Gras spielen und frische Luft atmen können.

Frau Jana Bizzariová gibt sich tapfer. Vor dem Kernkraftwerk hat sie keine Angst, denn sie weiß von ihrem Mann Bescheid: »Die zwei ersten, sowjetischen VVER-Blöcke, jeder mit einer Leistung von 1000 Megawatt, werden jetzt mit westlicher Hilfe umgerüstet. Und die Blöcke 3 und 4 werden wir im Westen kaufen und mit westlicher Technologie.« – »Sie vertrauen also der westlichen Technik?« – »Manchmal, wenn ich an den vier 160 Meter hohen Kühltürmen vorbeifahre, überfällt mich ein seltsames Gefühl. Dann denke ich an meine Kinder. In Nordböhmen litten sie an Bronchitis, hier atmen sie frische Luft und sind gesund. Was bleibt mir also übrig? Ich muß der westlichen Technologie vertrauen.«

Herr Josef Man, Kommunalpolitiker, als Mitglied des örtlichen Bürgerforums im Herbst 1990 mit der Mehrheit von 60 Prozent in den Gemeindevorstand von Temelín gewählt, ist für Kernenergie: »Unsere Braunkohlekraftwerke haben schon die Wälder und die Landschaft in ganz Nordböhmen vernichtet, und jetzt kommen auch noch das Riesengebirge, das Altvatergebirge in Mähren und die

Das Atomkraftwerk Temelín: das einzige auf der Welt mit einem Friedhof auf seinem Werksgelände.

Beskiden an die Reihe. Wir haben keine andere Wahl als die Kernenergie.«

Josef Man hatte die genauen Zahlen im Kopf: Im Jahr 2010 sollen in der Tschechoslowakei sieben Kernkraftwerke mehr als 60 Prozent der elektrischen Energie liefern, also mindestens 12 000 MW. Zwei Kernkraftwerke, Dukovany in Südmähren und Jaslovské Bohunice in der Slowakei, sind schon in Betrieb, drei weitere sind im Bau, und zwei müssen in den kommenden zwanzig Jahren gebaut werden. Der Bau des Kernkraftwerkes vor der Haustür ist für Josef Man kein Grund zur Hysterie; seine Sorge gilt jetzt jenen Menschen, die Mitte der achtziger Jahre ihre Dörfer verlassen mußten, um Platz für den Bau des Kernkraftwerkes zu machen.

»In diesen Menschen hat das kommunistische Regime tiefe Wunden hinterlassen. Achtzehn alte Menschen, die aus Křtěnov zwangsweise in die Betonsilos von Týn an der Moldau umgesiedelt worden sind, starben in den ersten 15 Monaten, nachdem sie ihr Dorf, ihr dörfliches Leben hatten verlassen müssen. Natürlich wurden die Leute aus den fünf zerstörten Dörfern entschädigt. Aber Mitglieder der Kommunistischen Partei, gehorsame Genossen, bekamen für ihre Häuser und für ihr Hab und Gut mehr als doppelt soviel wie normale Bürger. Der Ortssekretär der Partei in Křtěnov, Genosse Bílý, war noch vor anderthalb Jahren stolz darauf, bei der Entschädigung von parteilosen Bürgern mehr als 1 Million Kronen gespart zu haben. Nachträgliche Gerechtigkeit steht meist für nichts, wir müssen jetzt versuchen, die Wunden schneller zu heilen.«

Es ist sonderbar: In Temelín war keiner gegen das Kernkraftwerk, aber in jedem Gespräch mit den Leuten im Dorf ist früher oder später das Wort Wunde zu hören. Die

Wunde am Südostrand von Temelín ist nicht zu übersehen: Sie ist sechs mal sechs Kilometer groß. Vier über 150
Meter hohe Kühltürme, vier weitere im Bau, ragen aus der
in die anmutige Landschaft gerissenen Wunde zum Himmel.

Das Dorf Křtěnov, genauer gesagt, was vom Dorf übrig-
blieb, der Friedhof, die Ruine der Kirche und die Pfarrei,
heute Werkskneipe »Zum Dionysos«, stehen im Schatten
der vier mächtigen Kühltürme. Eine Frau, die das Grab
ihres Großvaters Tomáš Bezpalec für den Winter mit
getrockneten Blumen schmückt, antwortet auf Fragen in
kurzen, abgehackten Sätzen: »Die Planierraupe war schon
da, um die Kirche niederzureißen. Die Toten sollten ausgegraben und auf verschiedenen Friedhöfen in der Umgebung wieder in die Erde kommen. Der Planierer sagte
aber: Eine Kirche rühre ich nicht an. Und dann kam
Václav Havels, Gott segne ihn, Revolution. Die Kirche
wird jetzt renoviert, und wir werden unsere Toten wieder
auf unserem Friedhof zu letzten Ruhe in die Erde legen
können.«

»Woher sollen die Toten kommen, wenn es hier kein Dorf
mehr gibt?« – »Wir werden unsere Toten aus der Stadt
nach Hause bringen. Kann sein, daß der Friedhof in zwei
Jahren, wenn das Kernkraftwerk zu brennen und zu heizen
beginnt, zu klein wird.« Die Frau richtet sich auf. Sie sieht
mich mit traurigem Lächeln an und sagt: »Das ist das
einzige Kernkraftwerk auf der Welt mit einer Kirche und
einem Friedhof mitten auf dem Werksgelände.«

Der Bürgermeister von Temelín, Herr Stanislav Helige,
trat in der ersten freien Kommunalwahl für das Kernkraftwerk ein; 55 Prozent der Wähler gaben ihm im Herbst
1990 ihre Stimme. Stanislav Heliges Wahlprogramm war
leicht zu verstehen: die Sicherheit des Kernkraftwerks

hinter den letzten Scheunen von Temelín muß auch von
Bürgern überwacht werden. Heute ist das Wahlprogramm
des Bürgermeisters Wirklichkeit: Ein gewählter Bürger-
ausschuß kann jederzeit das Kernkraftwerk betreten und
gemeinsam mit Fachleuten die Sicherheit überprüfen. In
der weiten Umgebung des Kernkraftwerks werden nicht
von den Technikern des Werks, sondern von Bürgern
kontrollierte Meßgeräte aufgestellt.

»Für einen eventuellen Störfall haben wir Rettungsmaß-
nahmen für die Umgebung von 30 Kilometern ausgearbeitet. Aber bis die Blöcke 1 und 2 gezündet sind, werden wir
weitere Sicherheitsmaßnahmen ausgearbeitet haben.
Tschernobyl kann sich bei uns nicht wiederholen!« Der
Bürgermeister spricht so fest und entschlossen, als wäre er
Herr über das gesamte Kernkraftwerk. Natürlich will Stanislav Helige, er sagt es klar, aus dem Kernkraftwerk auch
etwas herausschlagen. Mit den saftigen Abgaben, die das
Werk in zwei Jahren regelmäßig an die Gemeinden in der
Umgebung zahlen wird, rechnen die Gemeindepolitiker
von Temelín schon heute. Mit dem Kernkraftwerk kommt
ins Dorf auch eine neue Zukunft: Die Leitung des Werkes
wird im Dorf an die 80 bis 100 Wohnungen für seine
Beschäftigten bauen. »Das ist für uns aus zwei Gründen
wichtig«, sagt der Bürgermeister. »Erstens: Mit den hoch-
qualifizierten, vorwiegend jungen Technikern und Ange-
stellten des Werkes kommt wieder Jugend nach Temelín.
Und zweitens: Wenn für den sicheren Betrieb des Kernkraftwerks verantwortliche Ingenieure mit ihren Familien
in unmittelbarer Nähe der Atommeiler wohnen, dann werden sich auch unsere Menschen im Dorf sicherer fühlen.«

»Die Leute fühlen sich hier also nicht ganz sicher?« Der
Bürgermeister sieht mich prüfend an und erwidert: »Sie
wohnen nicht hier, so werden Sie nicht verstehen, wenn ich

Ihnen sage: Ich fühle mich hier zwar sicher, dennoch aber sind mir die Atommeiler am Dorfrand unheimlich . . .«

Die Direktorin des Stadtmuseums in Týn an der Moldau, drei Kilometer Luftlinie vom Kernkraftwerk auf dem linken Ufer der schon hier verschmutzten, schwarzen und toten Moldau entfernt, Frau Maria Rychlíková, ist skeptisch: »Das Kernkraftwerk hat der Stadt bisher nichts gebracht, nur Probleme mit den Kesselhäusern in den zwei neuen Siedlungen für die Arbeiter des Kernkraftwerks und mit den Polen. Sie müssen wissen: In den Siedlungen gibt es an die 100 Kesselhäuser, alle werden mit der schlechten Braunkohle aus Nordböhmen beheizt. Unsere Stadt stinkt. Aber ein größeres Problem als der Smog über der Stadt sind die Polen, die am Kernkraftwerk arbeiten. Gegen das Kernkraftwerk hat bei uns keiner protestiert, die Proteste gegen Temelín haben wir getrost den Österreichern überlassen, aber gegen die polnischen Gastarbeiter machen wir uns stark. Ein jedes Kind weiß über die Polen Bescheid: Sie klauen, was ihnen unter die Finger kommt, sie kaufen unsere Geschäfte leer, und sie machen die Stadt nachts unsicher.

Also, wie gesagt: Gegen das Kernkraftwerk hat in der Stadt keiner nur aufgemuckt. Aber gegen die Polen hat eine Bürgerinitiative schon im Oktober 1990 Unterschriften gesammelt. Es wird nicht offen gesagt, aber es ist schon einmal geschehen: Die Mehrheit der Bürger von Týn sprach sich dafür aus, die Polen nur außerhalb der Stadt in Baracken unterzubringen oder überhaupt zurück nach Polen zu schicken. Politisch war aber dieser Volkswille, diese vollkommen verdrehte Stimme des Volkes, nicht zu realisieren. Wir sind doch jetzt alle Demokraten, nicht wahr? Es bleibt also alles beim alten: der Smog über der Stadt, die verschmutzte Moldau, die hysterischen Österreicher, die uns immer wieder belehren, was wir gegen das Kernkraftwerk unternehmen müssen, uns aber nicht sagen, woher wir die Energie nehmen sollen, und die polnischen Gastarbeiter, die stehlen und die Stadt unsicher machen.«

Die vergangene Existenz der fünf Dörfer, deren tausend Jahre alte Geschichte mit dem Bau des Kernkraftwerkes zu Ende ging, liegt jetzt im Stadtmuseum in Týn an der Moldau aufbewahrt. Frau Maria Rychlíková hat vor der Zerstörung einer der schönsten Landschaften in Südböhmen mit ihren Mitarbeitern alles gesammelt und gerettet, was noch zu retten war: die Mundarten, die in den verschwundenen Dörfern gesprochen wurden, Bräuche und Lieder, die Dorfchroniken. Die ein für allemal abgeschlossene Geschichte von fünf südböhmischen Dörfern füllt im Stadtmuseum einen Schrank. Die Geschichte der größten Baustelle eines Kernkraftwerkes auf der Welt bekam im Stadtmuseum in Týn an der Moldau mehr als die Hälfte der gesamten Ausstellungsfläche zugeteilt. Aus dem Fenster des Museums überschaut der Besucher die Zeitgeschichte der mittelalterlichen Stadt an der Moldau: den braunen Smog über den Dächern und die vier mit aufgewirbeltem gelbem Staub verschleierten Kühltürme des Kernkraftwerkes am südlichen Horizont.

(Februar 1991)

WIE PRAG BEFREIT WURDE – EINE CHRONIK

Am Mittwoch, dem 2. Mai 1945, brachte die Prager Zeitung »Narodní Politika« auf der ersten Seite, schwarz umrahmt, ein Bild von Adolf Hitler. »Der Führer ist gefallen« stand tschechisch groß unter dem Porträt gedruckt. Aus dem Führerhauptquartier meldete die Zeitung: Kämpfe im Raum zwischen Weser und Elbe, die Amerikaner stehen im Böhmerwald, Garmisch-Partenkirchen, Mittenwald und München sind besetzt, Brünn ist in sowjetischer Hand, und westlich von Mährisch-Ostrau toben heftige Kämpfe.

Auf Seite zwei, mehr Seiten hatte die Zeitung nicht, war zu lesen: Viktoria Žižkov gewann das Fußballspiel der Frühlingsmeisterschaft gegen Čechia Karlín mit 11:2. Im zweiten Geländelauf »Rund um Prag-Strahov« war J. Strach vom S. K. Praha der Schnellste. Die Ringkämpfer wollten am Donnerstag mit ihren Meisterschaften anfangen, und für Samstag, den 5. Mai, war im Lucerna-Saal am Wenzelsplatz ein Boxturnier der Profis vorgesehen. In der Rubrik »Arbeit gesucht« sind sieben Prager Bürger, hochqualifizierte Gießmeister, Beamte, Techniker und eine Frau Dr. phil. auf der Suche nach neuen Arbeitsplätzen. Alle geben an: spreche perfekt deutsch. Noch am 4. Mai sind es sechs Bürger, die sich durch perfektes Deutsch ihren neuen Arbeitgebern empfehlen.

Am 4. Mai trat Viktoria Žižkov auf ihrem Fußballplatz

gegen SK Prag-Libeň an. Um zehn Uhr sendete der Prager
Rundfunk den regelmäßigen deutschen Sprachkurs. Dann
gab es eine »Stunde für die Frau« und Unterhaltungsmu-
sik. Der zweitstärkste Sender auf dem Gebiet des »Protek-
torats Böhmen und Mähren«, Mährisch-Ostrau, sollte laut
Prager Zeitung am 4. Mai Tanzmusik ausstrahlen. Man
wußte wohl aber in Prag nicht, daß Mährisch-Ostrau seit
dem 30. April von den Russen besetzt war. Als der Sender
Prag am 4. Mai um 17.15 Uhr das »Scherzo« von K. Strom
ausstrahlte und Viktoria Žižkov den Kampf gegen SK
Prag-Libeň gewann, erschoß ein Zivilist in der König-
Georg-Straße in Prag-Strašnice den ersten deutschen Soldaten. Einige hundert Meter weiter fiel dann ein zweiter
Schuß. Ein tschechischer Polizist schoß mit einem Genickschuß einen Zivilisten nieder. Der Polizist beruhigte die
aufgebrachte Menge: »Geht nach Hause, Leute, es war nur
ein nazistischer Provokateur.«
Die Straßenbahnschaffner nahmen am Nachmittag des
4. Mai kein deutsches Geld mehr an. Überall in Prag
wurden deutsche Aufschriften übermalt und tschechoslowakische Fahnen feierlich hochgezogen. Die Protektoratspolizei, seit 1939 unter deutschem Kommando, machte
sich auf die Suche nach tschechoslowakischen Trikoloren,
mit denen sie die Helme schmückte.
Am 5. Mai bewaffneten sich die Prager. Es war nicht
schwer: Die deutschen Soldaten in den Kasernen, in Lazaretten und Güterzügen der Wehrmacht, die in Prag stek-
kenblieben, ergaben sich und lieferten ihre Waffen an die
Zivilisten ab. Am Wenzelsplatz versuchte ein Auto der
Wehrmacht der aufgebrachten Menge zu entkommen; die
Soldaten warfen Nebelgranaten aus dem Fenster. Dies
sahen die Gestapo-Leute im Petschkerpalast, und sie begannen zu feuern. Die Hölle war los.

In Prag installierte sich der Tschechische Nationalausschuß und versuchte das Kommando über alle Aufständischen zu übernehmen. Die deutschen Streitkräfte, den
Aufständischen in jeder Hinsicht überlegen, gewannen in
der Nacht zum 6. Mai in der Stadt die Oberhand. Sie hatten
gar nicht vor, Prag zu erobern, sie wollten nur den freien
Durchzug in Richtung Pilsen, zu den Amerikanern, er-
zwingen. Die Lage der Aufständischen wurde mit jeder
Stunde verzweifelter. Da tauchten südlich und östlich von
Prag die ersten Einheiten der Wlassow-Armee auf, die
sich, ebenso wie die Deutschen, nach Westen durchschlagen wollte.

Die militärische Führung der Aufständischen nahm mit
General Wlassow sofort Verbindung auf. Ein sowjetischer
Offizier, der in Prag-Weinberge saß und Kontakt mit dem
Tschechischen Nationalausschuß suchte, ließ General
Wlassow wissen: Wenn Sie mit Ihren Einheiten Prag
helfen, sind alle Ihre Verbrechen gegen die Sowjetunion
vergessen.

Am 6. Mai nachmittags erreichte die Vorhut der Wlassow-
Armee Schmíchov, stieß zum rechten Moldauufer durch
und drang bis zu den Stadtteilen Weinberge, Pankrác und
Strašnice vor. Der Kommandant der deutschen Streitkräfte in Prag, General Toussaint, war so in eine aussichtslose
Lage geraten. Er sucht Kontakt mit dem Tschechischen
Nationalausschuß und bot die Kapitulation an. Am 8. Mai
wurde sie unterschrieben. An diesem Tag um 18 Uhr sollte
der geregelte Abzug der deutschen Wehrmacht aus Prag
beginnen; die deutsche Zivilbevölkerung stand unter dem
Schutz des Internationalen Komitees vom Roten Kreuz.
General Toussaint verpflichtete sich, den Widerstand der-
jenigen Einheiten der Wehrmacht zu brechen, die seinem
Befehl zur Kapitulation nicht folgen sollten.

Josef Smrkovský, der spätere Politiker des Prager Frühlings 1968, konnte am Mittag des 8. Mai der tschechoslowakischen Exilregierung und dem Präsidenten Dr. Beneš nach Kaschau telegrafieren: Prag ist befreit, die Flugplätze sind in unserer Hand, Sie können sofort landen. Für seine Unterschrift unter dem Kapitulationsprotokoll hatte Josef Smrkovský zu leiden: Als »Agent der Imperialisten« wurde er 1951 eingesperrt und bis 1961 im Gefängnis gehalten.

Am 8. Mai erscheint wieder die »Narodní politika«. Im Kommentar ist zu lesen: Unter der Führung des Tschechischen Nationalausschusses hat sich Prag mit eigenen Kräften befreit. Der Anzeigenteil der Zeitung ist spärlich. Nur die Legiobank gibt bekannt: Von heute, dem 8. Mai 1945, an sind unsere Schalter wieder offen.

Am Nachmittag des 8. Mai, als die deutschen Einheiten, dem Befehl des Generals Toussaint folgend, Prag verlassen wollen, beginnt in der Stadt die große Jagd auf die Deutschen. Am Graben, der Prachtstraße der Stadt, werden die ersten Soldaten an Laternen aufgehängt, mit Benzin begossen und angezündet. Deutsche Zivilpersonen, Frauen, Greise und Kinder, die unter dem Schutz des Roten Kreuzes Prag verlassen wollen, werden von »Revolutionären Gardisten« abgefangen, ausgeplündert, gefoltert und erschlagen. Im allgemeinen Chaos und in der Pogromstimmung weigern sich die letzten deutschen Einheiten, ihre Waffen zu strecken und kämpfen sich verzweifelt in Richtung Westen aus Prag heraus. Auch sie gehen mit gefangenen Aufständischen und mit der Zivilbevölkerung nicht zimperlich um. In Prag hat das große Morden begonnen.

In den frühen Morgenstunden des 9. Mai befreien sowjetische Panzer die schon einen Tag zuvor befreite Stadt. Die

Prager »Revolutionären Garden«, die man in den Kampf-
gebieten nicht viel bemerkt hatte, werden jetzt zahlreich
und aktiv: deutsche Wohnungen werden geplündert,
Greise, Frauen und Kinder zum Aufräumen der Barrikaden gejagt und dort mißhandelt, geprügelt und erschlagen.

Nach einer Woche erscheinen in Prag wieder die Zeitungen. Auf der ersten Seite, dort, wo vor einer Woche noch
Adolf Hitler zu sehen und sein Tod als eine historische
Heldentat beschrieben war, sieht man ein großes Porträt
des Präsidenten Beneš und die sowjetischen Befreier. In
der Zeitung »České slovo«, in der Rubrik »Stellensuche«,
bieten sieben Prager Bürger, drei pensionierte Hochschul-
professoren und vier Fremdsprachenlehrer, privaten Unterricht in russischer Sprache an. An die zwanzig andere
hochqualifizierte Bürger suchen einen neuen Arbeitsplatz
und verdeutlichen ihre Qualifikation mit dem Satz: Spreche perfekt russisch.

(Mai 1980)

KLEINSEITNER GESCHICHTEN – VERFALL HINTER FASSADEN

Die Prager Kleinseite hat eine Geschichte von mehr als tausend Jahren. Keine Eroberung, kein Krieg, keine von den unzähligen Plünderungen, keine Feuersbrunst und keine Pestepidemie hat diesem städtebaulichen Juwel am linken Moldauufer so schlimm zugesetzt wie die 42 Jahre kommunistischer Herrschaft.

Die Kleinseite, der romantische Stadtteil mit Häusern aus zehn Jahrhunderten unter dem Hradschin, der Burg der böhmischen Könige, des Kaisers Karl IV. und des Staatspräsidenten Václav Havel, zerfällt. Das Erbe, das der heutige Oberbürgermeister, in Prag Primator genannt, der Dramatiker, Drehbuchautor, Publizist und Übersetzer, Václav Havels Freund Jaroslav Kořán, nach dem Sieg der sanften Revolution im Spätherbst 1989 von seinen kommunistischen Vorgängern übernommen hat, ist eine kulturell-städtebauliche Schande. Das kommunistische Regime schaffte es in den vergangenen zwanzig Jahren mit Müh und Not, die Fassaden im alten Stadtkern auf dem rechten Moldauufer zu renovieren und einige für Touristen attraktive Objekte auf der Kleinseite zu erhalten. Das historische Prag wurde zu einer Kulisse für westliche Touristen. Hinter dem neuen Verputz schreitet der Verfall unaufhaltsam voran.

Keine europäische Stadt wurde nach dem Zweiten Weltkrieg so rücksichtslos zubetoniert wie Prag. Das National-

museum am oberen Ende des Wenzelsplatzes, das Gebäude des Parlaments und die ehemalige Neue Deutsche
Oper wurden durch eine mehrspurige Autobahn von der
Stadt getrennt. Ein Architekt, der heute noch nicht genannt werden will, hat Einblick in ein Dokument: Der
Prager Generalstab, drei sowjetische Generäle und die für
die Sicherheit im Zentralkomitee der Partei Zuständigen
wollten die Autobahn aus militärischen und sicherheits-
technischen Überlegungen mitten durch die Stadt bauen.
Jaroslav Hašek, heute für den Prager Stadtverkehr zuständig, möchte die Betonstraße am liebsten in die Luft spren-
gen.

Miroslav Băse, den Chef der Denkmalpflege, Ivo Ober-
stein, den Prager Chefarchitekten, und Gabriel Gössel,
den Berater des Primators, quält ein weiteres Erbe aus der
Zeit des sogenannten stürmischen Aufbaus des Sozialismus: das Betonmonster, der neue Fernsehturm, der erst
unlängst auf der Anhöhe an der Grenze zwischen den
Stadtteilen Žižkov und Vinohrady errichtet wurde. Jaroslav Kořán, der den Turm als eine abscheuliche Warze auf
dem Gesicht der Stadt ansieht, will für seine Bemalung
einen Wettbewerb ausschreiben. Aus seiner Not mit dem
Ungeheuer will der Primator eine Tugend machen: »Der
bunt bemalte Turm soll ein Mahnmal werden, eine ab-
schreckende Erinnerung an die Gigantomanie der soziali-
stisch-realistischen Baukunst und an die Zeit, als die
Herrscher gegen den Willen der Prager entscheiden konnten.«

Die größte Sorge aber bereitet den Prager Stadtvätern ihr
sagenumwobener Lieblingsstadtteil – die Kleinseite. Die
Katastrophe dieses Stadtteils begann 1945, als die Deutschen vertrieben und als die Paläste der vorwiegend
deutsch-österreichischen adeligen Familien enteignet wur-

den, und nach der kommunistischen Machtergreifung im Jahr 1948, als auch fast alle Häuser Eigentum des sogenannten Bezirksamtes für Haus- und Wohnungsverwaltung wurden. Seit 1948 kassierte der Staat die Miete, er kümmerte sich aber nicht um den seit mehr als tausend Jahren gewachsenen Stadtteil. Mehr als zwei Drittel der altehrwürdigen Häuser auf der Prager Kleinseite können heute nur als Ruinen eingestuft werden. Ein Künstler, wahrscheinlich auch ein Lebens- oder Überlebenskünstler, verkauft in einem mehr als 500 Jahre alten, verkommenen Haus in der Nerudagasse seine witzigen Zeichnungen. »Das Geld, das ich mit dem Verkauf meiner Bilder verdiene, reicht gerade aus, das brüchige Gerüst, das das Haus zusammenhält, zu flicken, damit es nicht einstürzt.« In der Kneipe »Beim Brabantenkönig« ist etwas vom großen Geschäft zu erfahren, das mit den Häusern aus zehn Jahrhunderten unter der Prager Burg blüht. »Wenn Sie auf der Kleinseite ein Haus kaufen wollen, dann sind Sie schon zu spät gekommen. Alles ist bereits an reiche Österreicher, an Deutsche und Amerikaner für harte Devisen verhökert.« Ruda Králíček wußte, wovon er sprach. Er selbst hat schon für sein im Jahre 1949 verstaatlichtes Haus in der Schloßgasse von einem Regensburger Immobilienhändler 50 000 Mark als Anzahlung genommen. Im Herbst soll das Prager Parlament über die Reprivatisierung des von den Kommunisten enteigneten Eigentums entscheiden; dann ist Herr Králíček wieder Inhaber seines Hauses, er wird die restlichen 200 000 Mark kassieren und ein reicher Mann sein.

»Wissen Sie, wir sind jetzt der wilde Osten«, lachte Herr Králíček zufrieden, »bei uns liegt das Geld, westliches Geld, tatsächlich auf der Straße. Wer es nicht aufhebt, ist dumm.« Und er erzählte einige zeitgenössische Kleinseitner Geschichten: Der Pepi aus der Sporkgasse, ein tüchtiger Unternehmer, macht mit einer großen westdeutschen Mineralölfirma das Geschäft seines Lebens: Auf der Kleinseite bietet er fünf Grundstücke für den Bau von Tankstellen an. Keines von diesen Grundstücken gehört ihm, alle sind jetzt noch Staatseigentum und sollen erst im Jahr 1991 ihren Eigentümern zurückgegeben werden. Aber der schlaue Pepi hat den ursprünglichen Eigentümern Vorschüsse gezahlt und sich Vollmachten geben lassen. Erst vor einer Woche kam Pepi von seiner Geschäftsreise aus München zurück; als Zeichen seines Erfolgs steht vor seinem Haus ein Porsche, zwar nicht neu, aber gut in Schuß.

Geschäftstüchtige tschechische Emigranten haben in der Stadt schon Zweigstellen eingerichtet. In Prag versprechen sie das Blaue vom Himmel, günstige Kredite in unbegrenzter Höhe, Kontakte mit westlichen Firmen; im Westen verlocken sie Unternehmer, in Böhmen und in Mähren zu investieren, denn nirgendwo in Europa gibt es heute so billige Arbeitskräfte wie in ihrer einstigen Heimat. Das Geschäft mit Wohnungen und mit Häusern auf der Kleinseite, mit Grundstücken und mit Antiquitäten ist nach Ruda Králíček – und der kennt sich im Milieu aus – fest in der Hand der westlichen Emigranten, der einheimischen Straßenhändler mit Devisen, der sogenannten »Wechsler«, und der Reichen aus der Zeit der kommunistischen Herrschaft, der finanzkräftigen Oberkellner, Fleischer und Gemüsehändler.

Andere Kleinseitner Geschichten sind im Gespräch mit dem Primator Jaroslav Korán und einigen führenden Architekten zu hören: Das verkommene und verlassene Haus »U Glaubicu« gegenüber der St.-Niklas-Kirche wollte die Direktion der staatlichen Molkereibetriebe renovieren. Nach einigen Jahren und nachdem sie mehr als 50 Millionen Kronen in die Renovierung des Hauses gesteckt hatte, gab die Direktion der staatlichen Molkereien auf. Es ist absurd, aber wahr: Seit einigen Jahren haben sich mehrere Investoren, auch einige aus dem westlichen Ausland, bemüht, das Haus »U Glaubicu« wieder bewohnbar zu machen. Alle kapitulierten. Seit einigen Wochen wird wieder am Haus gearbeitet. Aber niemand weiß, wer für wessen Geld und zu welchem Zweck heute das Haus »U Glaubicu« renoviert.

In die Renovierung des eingerüsteten Lichtenstein-Palais mit seiner breiten klassizistischen Fassade, deren klägliche Überreste zum letztenmal vor sechzehn Jahren zu sehen waren, wurden schon mehr als 150 Millionen Kronen investiert. Bis das Palais des »blutigen Statthalters« Karl von Lichtenstein, der die Hinrichtung von 27 Anführern des böhmischen Aufstandes von 1618 befahl, in seiner ursprünglichen Pracht erstrahlt, soll es weitere 250 Millionen Kronen kostet.

Als der Berichterstatter das berühmteste Prager Gerüst fotografieren wollte, sagte ein Polizist: »An Ihrer Stelle würde ich mich nicht unter dem Gerüst aufhalten. Wenn das einmal in die Karmelitergasse herabstürzt, dann haben wir die Bescherung.« »Und warum lassen Sie den Verkehr durch die Karmelitergasse fließen?« Der Polizist sah besorgt drein. »Wer auf dem linken Moldauufer von Norden nach Süden oder umgekehrt kommen will, muß sich durch das Nadelöhr der Karmelitergasse quälen. Und wissen Sie, wie viele Straßenbahnen an diesem verrosteten Gerüst jede Stunde vorbeidonnern? Sie werden es mir nicht glauben: Achtunddreißig! Achtunddreißigmal in der Stunde krieg' ich es mit der Angst zu tun!«

Die Renovierung der Kampa-Insel mit dem seit Jahren

trockengelegten Kanal und den wohl schönsten Wohnhäu-
sern in Prag kostete schon eine Milliarde Kronen. »Tja«,
sagte ein alter Herr, »jetzt sind die Arbeiten wieder ins
Stocken geraten. Das Geld ist ausgegangen. Wenn es so
weitergeht, dann werden wir von vorne anfangen müssen.
Die Häuser, die vor zehn Jahren renoviert wurden, sind
nämlich schon wieder verkommen.«

Der Primator Jaroslav Kořán, erst seit Januar 1990 im
Amt, hat nach mehr als 45 Jahren mit seinen Leuten
wieder ein Konzept für die Erneuerung und für die Wiedergeburt des städtischen Lebens unter der Prager Burg
entwickelt. Als Musterbeispiel für westliche Investitionen
gilt das ehemalige Jesuitengymnasium, von 1945 bis 1990
Eigentum des Innenministeriums. Das riesige, verkommene Gebäude wurde den Österreichern als die zukünftige
Residenz ihres Botschafters und als Sitz des österreichischen Kulturinstitutes zwar nicht zum Kauf, aber unter
sehr günstigen Bedingungen angeboten: Wenn sich die
Österreicher entschließen sollten, das ehemalige Gymnasium zu renovieren – die Kosten werden auf 260 bis
300 Millionen Kronen geschätzt –, dann könnten sie für
die nächsten 99 Jahre mit einer symbolischen Miete für
den Gebäudekomplex im Schatten der St.-Niklas-Kirche
rechnen.

»Natürlich haben wir den Österreichern klar unsere Bedingungen mitgeteilt«, sagte Jaroslav Kořán. »Im Erdgeschoß
müssen sie Räume für kleine Restaurants und für Bouti-
quen bauen, der herrliche Saal muß auch dem Prager
Publikum zugänglich sein. Die Botschaften sind am
Abend verlassen, sozusagen tot. Wenn wir jetzt einige
Paläste auf der Kleinseite oder in der Prager Altstadt an
fremde Botschaften auf 50 oder 99 Jahre vermieten, dann
müssen sie auch nach Dienstschluß die Stadt beleben und

Nach 40 Jahren kommunistischer Planwirtschaft: Prag-Kleinseite, Sommer 1990.

im Erdgeschoß Räume für kleine Kneipen, Konditoreien und für Galerien akzeptieren.«

Mit der Kleinseite hat der Primator weitere Pläne: In einigen Palästen sollen Kongreßzentren entstehen. Prag will eine Kongreßstadt werden, allerdings mit viel mehr Charme, als zum Beispiel Wien mit seiner gigantischen »UN-City« bietet. Und auch für dieses Projekt hat Jaroslav Kořán ein Konzept: Auch die Kongreßzentren dürften nicht Enklaven für Ausländer werden, sie müßten mit der Stadt leben. Rentnern und älteren Menschen, altansässigen Kleinseitnern, die sich die Wohnungen in den renovierten Häusern nicht leisten können, will der Primator finanziell helfen. Die Entvölkerung der Kleinseite, die Flucht der Jugend in die Betonsilos am Stadtrand muß gestoppt werden.

Die Prager Burg, das Nationaldenkmal, der Sitz der böhmischen Könige, der Kaiser, heute des Staatspräsidenten Havel, bisher von der Kleinseite verwaltet, soll in der Zukunft einen eigenen, dem römischen Vatikanpalast ähnlichen Status und eine eigene Verwaltung bekommen. Die Burg soll aus staatlichen Mitteln finanziert werden, womit das Budget der Hauptstadt Prag entlastet würde. Das gefällt den Kleinseitnern nicht. Überhaupt machen die freien Bürger des geschichtsträchtigen Stadtteils unter dem Hradschin ihrem Primator Sorgen. Die Distriktverwaltung der Kleinseite weigert sich, 35 Millionen Kronen aus der Steuerkasse an die Stadtverwaltung zu überweisen: sie lehnt auch Kořáns Konzept für die Sanierung der Kleinseite ab. Die Patrioten von der Kleinseite wollen ihre eigene Bank zur Finanzierung des Wiederaufbaus gründen und Geld unter den Bürgern der Kleinseite sammeln. Mit Prag, also mit den anderen Stadtteilen, wollen die Kleinseitner Patrioten nichts zu tun haben; Demokratie soll herrschen. Das Geld, das die westlichen Touristen auf der Kleinseite loswerden, soll von nun an auch unter dem Hradschin bleiben und nicht mehr in die Stadtkasse am rechten Moldauufer fließen.

Und Geld, hartes, westliches Geld, spielt jetzt in Prag die große Rolle. Seit dem Sieg der sanften Revolution können sich die Prager Stadtväter nicht über Mangel an Devisen beklagen. Im Gegenteil. Das Geld wird ihnen aufgedrängt. Ein Australier wollte die ganze Nerudagasse, die vom Kleinseitner Ring zur Burg führt, kaufen und die Häuser in Hotels umbauen. Das Geschäft mit dem Australier scheiterte. Primator Jaroslav Kořán erklärte das verzwickte Problem mit dem Australier und seinen Millionen, die Prag gebrauchen könnte: »Wir hätten dem Australier geduldig erklären sollen: Lieber Herr, wir brauchen Ihr Geld, aber Sie müssen uns begreifen. Die Kleinseite ist ein Stadtteil, wo man historische Häuser nicht einfach in Hotels umbauen kann. Wir wollen die Kleinseite wieder bevölkern, den Kramläden und Geschäften eine Chance geben, alte Leute sollen hier wieder wohnen und junge Ehepaare ihre Kinder großziehen. Die Kleinseite darf nicht eine Touristenenklave oder eine Touristenfalle werden. Sie muß wieder ihr eigenes Leben entfalten. Die Nerudagasse als Hotel würde die Kleinseite töten. Wir würden einen ganzen Stadtteil verlieren und Sie, lieber Herr aus Australien, Ihr Geld. Wir müssen schnell lernen, mit westlichen Geldgebern umzugehen.«

Erinnerung: Von 1973 bis 1974 saß der heutige Primator von Prag, Jaroslav Kořán, wegen angeblicher Verleumdung der Tschechoslowakei im Gefängnis, dann hatte er jahrelang Gelegenheit, Prag als Maschinist der städtischen Kanalisation von unten kennenzulernen.

»Die Prager Gemeinde soll den Kleinseitner Müll abführen

und in anderen Stadtteilen verbrennen. Wir sollen Kranke in anderen Stadtteilen unterbringen, denn auf der Kleinseite gibt es nur ein kleines Krankenhaus. Wir sollen ihre Toten begraben, denn auf der Kleinseite gibt es keinen Platz für einen Friedhof. Wir sollen die Kleinseite mit Wasser, mit Strom und mit Gas versorgen, die Stadtverwaltung soll die chaotischen Verkehrsprobleme auf der Kleinseite lösen, mit dem ständig wachsenden Tourismus fertig werden. Das alles werden wir mit der Zeit in den Griff bekommen. Außerdem wollen wir die Eigenständigkeit der einzelnen, historisch so verschieden gewachsenen städtischen Distrikte und ihre Verwaltung fördern, aber in keinem Fall immer nur auf Kosten anderer.«

»In einer Stadt geht es nicht ohne Opfer«, fuhr Milan Hašek fort. »Die Gemeinde Prag finanziert den teuren Bau des Tunnels unter dem Laurenziberg, der den größten Teil des Verkehrs, der heute durch die Kleinseite führt, ableiten wird. Auf der Kleinseite wird es dann ruhiger, aber die Bürger von Prag 5 und 6 werden dafür mit mehr Lärmbelästigung bezahlen müssen.«

Auf die Frage: »Ist die Stadtgemeinde Prag überhaupt fähig, mit eigener Kraft und mit eigenem Geld die Kleinseite wieder in Ordnung zu bringen?« antwortete Primator Jaroslav Kořán: »Mit unseren eigenen Mitteln können wir weder die Kleinseite noch den historischen Stadtkern von Prag vor dem Verfall bewahren oder gar in Ordnung bringen. Wir brauchen Hilfe, viel Geld, vor allem aber seriöse westliche Partner.«

(August 1990)

DER ERSTE TAG DER FREIHEIT –
ERINNERUNG AN DEN
5. MAI 1945 IN PRAG

Am 10. Mai 1945 klingelte bei uns in Prag gegen acht Uhr morgens die Hausmeisterin an der Tür. »Frau Lutonsky«, hörte ich im Vorzimmer ihre Stimme, »haben Sie zufällig eine rote Fahne versteckt?« – »Sie wissen ja«, antwortete meine Großmutter, »1941, als die Gestapo Jan verhaftete, haben wir die zwei Fahnen mit Hammer und Sichel verbrannt.« – »Wozu brauchen Sie rote Fahnen?« hörte ich meine Mutter, »auf unserem Haus weht schon die tschechoslowakische.« – »Na ja, es ist nämlich, gnädige Frau, so, daß man jetzt neben der unseren auch die sowjetische heraushängt.« – »Wenn es so ist«, sagte die Mutter laut, »dann trennen Sie doch von der Hakenkreuzfahne den weißen Kreis mit dem Kreuz ab, und so bekommen Sie Ihre rote Fahne.«
Nach einer Stunde klingelte die Hausmeisterin wieder bei uns. Unter dem linken Arm trug sie ein zusammengefaltetes rotes Tuch. Es war schon im Krieg so gewesen: Immer, wenn der Führer Geburtstag hatte oder die Deutschen wieder einmal einen Sieg feierten, kam die Hausmeisterin zu uns ins Wohnzimmer, denn vom zweiten Fenster erreichte sie am bequemsten den einen Fahnenmast in Höhe des ersten Stockes an der Fassade.
Am 10. Mai 1945 um neun Uhr wehte von unserem Haus zum erstenmal eine rote Fahne. In der Mitte der Fahne, dort, wo noch vor einer Stunde das Hakenkreuz angenäht

war, sah man auf beiden Seiten einen blaßroten Kreis.
»Von der Straße aus«, meinte meine Mutter, »wird es
keiner bemerken.«

Ich lehnte mich aus dem Fenster, um die neue Fahne zu
begutachten, und da sah ich plötzlich ein Bild, das ich nie
vergessen werde: Ein offener Fiaker bog in unsere Straße
ein, Onkel Jan thronte auf dem Hintersitz, umgeben von
einigen Paaren weiß gestrichener Ski. Er trug eine amerikanische Uniform, aber ohne Hoheits- und Rangabzei-
chen.

Ich hatte Onkel Jan seit seiner Verhaftung im Jahr 1941
nicht mehr gesehen. Damals geriet er in Prag in eine Raz-
zia der Protektoratspolizei, und als die erschrockenen
Polizisten feststellten, wen sie da geschnappt hatten,
übergaben sie Onkel Jan sofort der Gestapo. Jan war
nämlich ein hoher Funktionär der Kommunistischen Partei, dazu noch seit 1938 mit Heda verheiratet, der Tochter des kommunistischen Senators Gustav Kliment. Er
wurde im KZ Dachau von den Amerikanern befreit, bis
zum 8. Mai in einem Lazarett der amerikanischen Armee
gepflegt, dann in eine Uniform gesteckt und am 10. Mai
in einem amerikanischen Autobus mit anderen nach Prag
gebracht.

Im bayerischen Furth im Wald ließ Onkel Jan als seinen
Anteil an der Kriegsbeute aus einem verlassenen Wehr-
machtslager sechs Paar Ski mitgehen. Da seine Frau
Heda und der kommunistische Senator Kliment noch
nicht aus dem KZ zurück waren, ließ sich Onkel Jan zu
uns kutschieren. Wir freuten uns, ihn gesund, wenn auch
ziemlich abgemagert, wiederzusehen.

Onkels erste Sorge galt Herrn Dlask. Herr Dlask war
Pianist und wohnte neben uns. Den Krieg über schlug er
sich mit Konzerten in der Provinz durch, oder er spielte

bei »Kraft durch Freude« verwundeten deutschen Soldaten
in den Lazaretten vor; wie er selbst mit einem bitteren
Lächeln sagte, »für Schwerverwundete Melodien aus der
Lustigen Witwe, für Rekonvaleszenten Russische Step-
penlieder von Rimskij-Korsakow.« Bei Herrn Dlask hatte
Onkel Jan seit 1940 seine Kostbarkeit aufgehoben: von
Stalin signierte »Gesammelte Werke«, die er 1934, nach
einem Studienjahr an der Zentralschule des Komsomol in
Moskau, mit nach Prag gebracht hatte.
Kurz vor Mittag klingelten wir also an der Wohnungstür
von Herr Dlask. Als ich zum drittenmal die Klingel
drückte, sagte ich: »Ich sah Herrn Dlask zuletzt am 5. Mai.
Als der Aufstand losging, zog er mit einem Gewehr auf die
Barrikaden. Vielleicht ist er noch nicht zurück.« Gleich
darauf aber öffnete uns Frau Dlask die Wohnungstür. Ihr
Haar war zerrauft, die Augen rot angelaufen. Als sie Onkel
Jan in der amerikanischen Uniform erblickte, fiel sie wie
vom Schlage getroffen zu Boden. Es gelang uns nicht, sie
aufzufangen; Frau Dlask fiel ganz sanft auf einen großen,
zusammengerollten Perserteppich, der im Vorzimmer lag.
»Mein Mann ist tot«, flüsterte sie.
Mit kurzen Unterbrechungen und Stöhnen erzählte uns
Frau Dlask, was passiert war: Bis zum 9. Mai wußte sie
über ihren Mann nichts, erst an diesem Tag meldete er sich
nachmittags telefonisch vom Palacký-Kai und bestellte sie
mit dem alten Kinderwagen, den die Dlasks im Keller
hatten, vor das gelbe Haus gleich gegenüber der Palacký-
Brücke. Vor dem Haus am Kai wartete schon Herr Dlask
auf seine Frau, ein großer, zusammengerollter Perser war
an die gelbe Wand angelehnt. Mit einem Spagat band er
den Teppich am Kinderwagen fest, dann nahm er wieder
sein Gewehr und sagte: »Jetzt reden die Deutschen plötzlich alle wieder Tschechisch. Hab' denen oben gesagt, sie

sollen das Silber noch zusammenpacken. Wart' hier, ich bring's gleich runter!«
Nach einer Weile hörte Frau Dlask in dem Haus einen Schuß fallen. Sie rannte die Treppe ins dritte Stockwerk hinauf. Dort stand eine Wohnungstür weit offen. Als sie den Flur betrat, sah sie ihren Mann mit einer Kopfwunde tot auf den bunten Kacheln liegen. In die Ecke drückte sich eine Frau mit einem Kind in den Armen, vor ihr stand ein Mann mit dem Gewehr im Anschlag.
»Verschwinden Sie!« sagte er leise. Frau Dlask rannte aus dem Haus und schleppte, ohne zu wissen, was sie tat, den Kinderwagen mit dem Teppich heim. »Und wo ist Ihr Sohn?« fragte Onkel Jan. – »Radomir ist weg«, schluchzte Frau Dlask, »ist ins Haus am Palacky-Kai, den Vater zu rächen.« – »Verdammter Teppich«, sagte Onkel Jan. – »Verfluchte Deutsche!« schrie Frau Dlask hysterisch auf.
»Pack den Teppich mit an!« befahl Onkel Jan mir. Wir schleppten den schweren Perser aus der Wohnung und die Treppe herunter. Erst auf der Straße sagte Jan: »So ein Mist!« – »Es hat keinen Sinn, Onkel«, stöhnte ich unter der Last, »schmeißen wir den Teppich lieber weg und gehen wir nach Hause!« – »Kommt nicht in Frage«, sagte Jan, und bog in die Husstraße ein.
Überall waren die Straßen voll von russischen Panzern, Lastkraftwagen und anderen Militärfahrzeugen. Soldaten schliefen auf den glühend heißen Stahlplatten, Steppdecken hatten sie auf den Panzern ausgebreitet, Fahr- und Motorräder, Nähmaschinen, Radios, Plattenspieler, Wanduhren, Koffer und Kisten, alles Kriegsbeute, wie man damals sagte, an die Wagen festgebunden.
Als wir an der Kreuzung »Beim Bulgaren« den Teppich an einem mit russischen Offizieren besetzten Lastwagen vorbeischleppten, lachte ein junger Leutnant laut auf und

schrie uns zu: »Smotri, Amerikanci tosche berut!« (Da schau her, die Amerikaner klauen auch!)

Am Wenzelsplatz wurden deutsche Wohnungen geplündert. Ein Häuflein Deutsche mit erhobenen Händen wurde in eine Seitengasse getrieben. Ich warf den Teppich von der linken auf die rechte Schulter. Dann hörte ich Schüsse. Onkel Jan zog mich weiter in Richtung Palacký-Kai. Vor dem gelben Haus gegenüber der Palacký-Brücke mußte Onkel Jan den Teppich abwerfen. Er war bleich, und mir fiel auf, daß er nicht schwitzte. Auf seinen Wangen, ja sogar auf der Stirn, breiteten sich graue Flecken aus. Er atmete mehrmals durch, hob wieder sein Ende des Teppichs und sagte: »Also, komm! War's im dritten Stockwerk?«

Ich stieg als erster die Treppe hinauf. Onkel Jan keuchte hinter mir, und ich mußte nicht nur den schweren Teppich, sondern auch ihn hinaufschleppen.

»Onkel, es ist verrückt«, rang ich nach Atem, »wem soll's helfen? Laß den Teppich hier liegen und wir hauen ab!« – »Es geht nicht um den Teppich«, stieß Jan hervor, »sondern um die Revolution. So ein drecksradikaler Kleinbürger... Parasit... Schon Lenin hat gesagt, und Stalin hat es mehrmals wiederholt, daß...« Onkel Jan wurde von einem Hustenanfall gepackt und mußte mit dem Rücken an die Wand gelehnt stehenbleiben. Bis zur Wohnung im dritten Stock waren noch sechs oder acht Stufen. Ich sah schon die weit geöffnete Tür vor mir.

Großer Gott, dachte ich, jetzt geht es mit Jan wieder los. Das großmäulige Gerede über die letzte Schlacht der Unterdrückten gegen die Bourgeoisie, über die heilige Sache der Revolution, und Lobgesänge auf den genialen Führer des Weltproletariats, den Genossen Stalin. Wie oft mußte ich als zehnjähriger Junge Jans leidenschaftliche Streitgespräche mit meinem Vater anhören. »Dich, Bohumil«, schrie Onkel Jan im Sommer 1939 den Vater an, »laß ich liquidieren. Damit du es gut verstehst: Ich bringe dich nicht um, sondern liquidiere dich als einen Vertreter der ausbeuterischen Klasse!«–»Worin liegt der Unterschied?« fragte mein Vater traurig. – »Das wirst du rechtzeitig erfahren«, schrie Onkel Jan weiter. »Der Unterschied liegt genau in der Entfernung, die den individuellen Terror von der Diktatur des Proletariats trennt.«–»Wenn ich tot bin«, lächelte mein Vater wehmütig, »kann's mir egal bleiben!« –»Aber uns nicht, Bohumil!«

Onkel Jan schnappte immer noch nach Luft, löste sich aber von der Wand und sagte leise: »Los, es geht weiter!« Als ich zum ersten Schritt ansetzte, fiel in der Wohnung ein Schuß. Eine Frau schrie voll Entsetzen auf. Gleich darauf fielen ein zweiter und ein dritter Schuß – und dann war es ganz still im Haus.

Mir rutschte der Teppich von der Schulter, und auch Onkel Jan ließ sein Ende fallen. Dann sah ich den jungen Radomír Dlask mit einem Gewehr in der Hand aus der Wohnung treten. Er schien nicht überrascht, mich und Onkel Jan hier zu sehen. »Ich habe sie abgeknallt«, sagte er leise, »alle diese deutschen Ratten habe ich abgeknallt.«

Ein Schatten huschte an mir vorbei die Treppe hinauf, und als er vor der offenen Wohnungstür ins Licht trat, sah ich vor Radomír einen kräftig gebauten Mann stehen. Er drückte Radomir mit der linken Hand die Kehle, mit der rechten preßte er ihn gegen die Wand. »Du Kerl!«, schrie er, »was hast du angestellt! O Gott, was hast du angestellt!« –»Hab' den Vater gerächt«, röchelte Radomír, »die deutschen Ratten haben ihn erschossen . . .«

Der Mann trat plötzlich von Radomír zurück, mir schien, daß er wankte, jedenfalls mußte er sich am Geländer festhalten. »Das waren doch die Müllers«, flüsterte er, »tschechische Patrioten... O Gott! Bevor wir es verhindern konnten, raubte sie gestern so ein verrückter Gardist aus... Er meinte wohl, es seien Deutsche... Als er zum zweitenmal in die Wohnung kam, um das Silber abzuholen, schoß ihn Herr Müller nieder... mit Recht...« – Du Mistkerl, du verdammter Mistkerl«, hörte ich hinter mir Onkel Jans Stimme zittern.

Onkel Jan kam an diesem Tag erst gegen zehn Uhr abends in unser Haus in der Rokycan-Gasse zurück. Er war betrunken und schlug mit dem Gewehrkolben auf den jungen Dlask ein; Radomír blutete. »Plötzlich wolltet ihr also Revolution machen«, schrie Onkel Jan schon im Hauseingang, »aber meine von Stalin signierten Bücher habt ihr für drei Fleischkonserven und zwanzig Zigaretten auf dem schwarzen Markt verschachert... Parasiten... Nein, ich muß dich abknallen, ich liquidiere dich genauso,wie ich deinen Vater liquidiert hätte!«

Wir rannten aus der Wohnung ins Treppenhaus. Meine Mutter nahm Jan das Gewehr ab, und er ließ sich von ihr wie ein Kind in die Wohnung ziehen. An der Schwelle drehte sich Onkel Jan noch einmal zum blutenden Radomír um, der in die Knie gegangen war und Blut hustete: »Nein, ich laß dich damit leben, du Schwein!«

Das war der erste Tag der Freiheit in unserem Haus. Ich war damals fünfzehn.

Die grausame Geschichte ging aber weiter: Radomír Dlask trat 1945 in die Kommunistische Partei ein, wurde Professor für Marxismus-Leninismus; 1968 emigrierte er nach Amerika. Onkel Jan sitzt in Prag und wartet immer noch auf die wahre und gerechte sozialistische Revolution.

(Mai 1980)

Eine Ruine in Tachau –
Die Reithalle der Fürsten
zu Windischgrätz

Reinhold Wetzlar, in der Herbstrevolution 1989 Mitglied des Tachover Bürgerforums, der erste deutsche Bürgermeister der westböhmischen Stadt nach 46 Jahren, hat Sorgen: Die Stadt Tachov (deutsch Tachau) ist heute Erbe von Immobilien im Wert von mehr als 250 Millionen Mark. Das schönste Stück, das der Stadt nach der Vertreibung der Deutschen im Jahr 1945 und nach mehr als vierzigjähriger kommunistischer Mißwirtschaft blieb, die Reithalle der Fürsten zu Windischgrätz, ist eine Ruine. Der einst berühmte große Park der fürstlichen Familie mit seinen Reit- und Kutschenwegen ist verkommen. Kurz nach der sanften Revolution wollte ein tschechischer Investor die Reithalle, einst die zweitgrößte in der Habsburger Monarchie, und den ehemaligen Park übernehmen. Aber die Kosten für die Renovierung der Halle und der Waldwege, für den Ausbau eines Golfplatzes und eines Hotels – sie wurden auf 700 Millionen Kronen, das sind 40 Millionen Mark, geschätzt – waren den tschechischen Geldgebern zu hoch. Jetzt sucht der Bürgermeister einen westlichen Unternehmer, der bereit wäre, das ehemalige Eigentum der Fürsten zu Windischgrätz zu kaufen und zu einer Hotelanlage auszubauen. Bisher hat sich keiner gefunden.
Das zweite Erbe belastet die Stadt Tachov noch mehr: Die Kaserne einer Panzerdivision, die größte in Westböhmen,

steht seit einigen Monaten leer. Jeden Monat muß die Stadt an die 600 000 Kronen nur für die Bewachung und Instandhaltung der 129 ehemaligen militärischen Objekte zahlen. Die Kaserne soll in ein Industriegebiet umgewandelt werden. Einige Objekte sind schon an kleine tschechische Privatunternehmer verkauft. Tachov will aber westliche Unternehmer anlocken. »Die Lage, zwanzig Kilometer von der bayerischen Grenze entfernt, ist sehr günstig«, sagt der Bürgermeister. Er zählt weitere Vorteile auf, die Tachov westlichen Unternehmern anbieten kann: »Die Bausubstanz der Kaserne ist in tadellosem Zustand. Die großen beheizten Hangars, in denen noch vor einem halben Jahr 250 Panzer standen, können als Fabrikhallen dienen. Die Gemeinde ist bereit, für westliche Unterneh-

Die Reithalle der Fürsten zu Windischgrätz, die zweitgrößte der ehemaligen Monarchie: heute eine Ruine.

mer innerhalb der ehemaligen Kaserne ein zollfreies Gebiet zu schaffen, einen Anschluß an die geplante Autobahn
Nürnberg – Prag zu bauen. Wir können auch«, der Bürgermeister wird ein wenig verlegen und zündet sich eine
Zigarette an, »es bleibt uns nichts anderes übrig, den
Westlern sehr billig hochqualifizierte Arbeiter anbieten.«
Nach einigen nervösen Zügen fügt er hinzu: »Also für die
nächsten Jahre . . .«
Wer in Tachau investieren möchte, Sudetendeutsche nicht
ausgenommen, ist in der Stadt willkommen. Sorgen machen Bürgermeister Wetzlar die heute noch gültigen Ge-
setze, zum Beispiel die Preisvorschriften: Ein westlicher
Unternehmer muß für ein Gebäude in der ehemaligen
Kaserne zwei- oder sogar fünfmal soviel wie ein Tscheche
zahlen. Außerdem sind dem Bürgermeister bei Geschäften
mit Ausländern die Hände immer noch gebunden; Kauf-
verträge mit westlichen Investoren muß das Finanzmini-
sterium in Prag genehmigen. Bisher kann ein westlicher
Interessent auch mehrere Industriegebäude kaufen, aber
nur an dem Grund, auf dem seine Fabrik steht, kann er
Eigentum erwerben. Reinhold Wetzlar klagt: »Bei Geschäften mit westlichen Investoren trauen die Parlamentarier den Kommunalpolitikern nicht. Wir fühlen uns im
Stich gelassen.« In Tachov erwägen die Stadtväter einen
Weg vorbei an den schwerfälligen Bestimmungen einzu-
schlagen: den Verkauf von Immobilien einem tschechischen Makler zu überlassen, der direkt, ohne das Finanz-
ministerium einzuschalten, mit einem Makler auf der
bayerischen Seite der Grenze über den Preis und über die
bisher unklaren Eigentumsrechte verhandeln könnte.
Bürgermeister Reinhold Wetzlar und die Stadträte von
Tachov wissen: Sie müssen das schwere Erbe, das ihnen
die vierzigjährige kommunistische Herrschaft hinterlas-

sen hat, verkaufen, am liebsten an westliche Unternehmer. Nur diese können gutes Geld investieren und einen wirtschaftlichen Aufschwung in Bewegung setzen. Rudolf Tomšu, der Herausgeber »Ozolny«, der einzigen tschechischen Zeitschrift, die sich mit dem schlimmen Erbe, der Vertreibung der Deutschen und der Erneuerung von menschlichen, kulturellen, ökonomischen und auch politischen Beziehungen zwischen Westböhmen und Bayern beschäftigt, sagte es klar: »Die Stadt und der Kreis Tachau, bis 1945 Heimat von 85 000 Sudetendeutschen – heute bezeichnen sich von den 52 000 Einwohnern des Kreises Tachau nur noch 200 Bürger als Deutsche –, haben ohne deutsche Hilfe keine Zukunft.« – »Was sagen die Stadtväter dazu?« – »Viele schweigen noch, aber denken tun die meisten genau wie ich. Sie haben nur noch nicht den Mut, die Wahrheit auszusprechen.«

(Dezember 1991)

120

ERSCHLAGEN UND IN DIE
ELBE GEWORFEN – DEM MASSENMORD
VON AUSSIG AUF DER SPUR

Aussig an der Elbe, im Sommer. Am 31. Juli 1945 um 15.38 Uhr explodierte im heutigen Ústí nad Labem, früher hieß die nordböhmische Industriestadt Aussig, das größte Munitionsdepot der tschechoslowakischen Armee. In der ehemaligen Zuckerfabrik im Stadtteil Schönpriesen kamen mehr als 20 Menschen ums Leben: die tschechische Wachmannschaft, deutsche Kriegsgefangene, sudetendeutsche Häftlinge und einige Frauen, die halfen,die aus ganz Böhmen zusammengefahrene Munition aus dem Zweiten Weltkrieg zu lagern. Der tschechische Historiker Dr. Jan Havel, der sich schon 14 Jahre lang mit der Explosion und mit dem danach verübten Massenmord an der deutschen Bevölkerung von Ústí nad Labem wissenschaftlich beschäftigt, hält von den fünf immer wieder genannten Ursachen des folgenschweren Unglücks nur zwei für glaubhaft.

»Die deutschen Werwölfe, eine Nazi-Untergrundorganisation, die sofort nach dem großen Knall von der tschechischen Bevölkerung, einen Tag später von der tschechischen Presse und auch von der Prager Beneš-Regierung für die angebliche teuflisch-teutonische Sabotage verantwortlich gemacht wurden, konnten es nicht gewesen sein, denn der größte Teil der vorwiegend jugendlichen Werwölfe war bereits geflohen, der Rest saß hinter Gittern.« Der tschechische Historiker, in Ústí nad Labem geboren

und dort zu Hause, nennt zwei überzeugende Gründe für die fürchterliche Explosion: »In der ehemaligen Zuckerfabrik im Stadtteil Schönpriesen wurden außer der Munition auch Lebensmittel und Alkohol gelagert und massenweise von der Wachmannschaft, von den Revolutionären Gardisten und von der tschechischen Bevölkerung gestohlen. Kurz vor einer Inspektion, die aus Prag kommen sollte, um die Mißstände im Depot zu klären, blieb der in die Diebstähle eingeweihten Wachmannschaft nur eine Explosion als die verläßlichste Spurenbeseitigung übrig. Der zweite Grund: Zwei Tage vor dem Abschluß der Potsdamer Konferenz, die die Vertreibung der Deutschen auch aus der Tschechoslowakai beschließen sollte, wollte die Prager Beneš-Regierung, schon seit Juni von der englischen und amerikanischen Presse wegen der wilden Vertreibungen der Sudetendeutschen kritisiert, ihrer Forderung nach einer schnellen Abschiebung aller Sudetendeutschen Nachdruck verleihen und den Alliierten eine nachträgliche Rechtfertigung der grausamen Verjagungen der angeblich auch nach Kriegsende verbrecherisch gesinnten Sudetendeutschen liefern.« Für Jan Havel ist eines klar: »Die Explosion des Munitionsdepots war geplant und organisiert. Nur der Zeitzünder, der Zufall spielte auch diesmal eine üble Rolle, zündete zu früh.«
Kajetán Halasa erinnert sich an den 31. Juli 1945 in Ústí nad Labem: Die feuchte Hitze war unerträglich, kein Wind regte sich, ein blaugrauer Dunstschleier fiel auf die Stadt unter der schwarzen Felswand des Mariaberges. Die Elbe glänzte matt. Eine Viertelstunde nach den ersten Explosionen ging auf der Elbbrücke, sie hieß damals Dr.-Eduard-Beneš-Brücke, das große Morden an den Sudetendeutschen los. Ein Deutscher namens Georg Schörghuber soll auf der Brücke Freude über die Explosion geäußert

und tschechische Soldaten bespuckt haben. Er wurde von den Svoboda-Gardisten erschossen. Eine deutsche Frau wurde auf der Brücke erschlagen und mit ihrem Kind im Kinderwagen in die Elbe geworfen. Wenig später wurde der deutsche Sozialdemokrat Brainel, der nach vier Jahren in den Konzentrationslagern Mauthausen und Buchenwald zurückgekehrt war, von den Svoboda-Gardisten ergriffen, skalpiert und erschossen.

Deutsche Quellen sprechen immer wieder von Svoboda-Gardisten oder von Svoboda-Soldaten, die das große Morden in Aussig, bis 1938 die »rote Stadt im Sudetenland«, kurz nach der Explosion als Vergeltungsmaßnahme gegen Deutsche ohne Unterschied eingeleitet und mit einer bisher nicht gekannten Brutalität durchgeführt hätten. Jan Havel hat aber vor kurzem, als die Archive der tschechoslowakischen Armee geöffnet wurden, festgestellt: Das Massaker an den Deutschen in Ústí nad Labem haben zwei Kompanien des 28. Regiments unter dem Kommando von Oberst Voves zu verantworten. Dieses Regiment, eher eine Schlägertruppe, hatte schon sei Mai 1945 in der Gegend von Böhmisch Leipa, Tetschen und Rumburg die ersten Pogrome gegen Sudetendeutsche veranstaltet und die ersten wilden Vertreibungen organisiert.

Zwei Kompanien dieses Regimentes wurden in den frühen Morgenstunden des 31. Juli 1945 nach Ústí nad Labem verlegt und in der deutschen Volksschule in der unmittelbaren Nähe der Beneš-Brücke untergebracht. Das war für den Historiker Jan Havel kein Zufall: »Zur gleichen Zeit, fast Punkt 16 Uhr, als auf der Beneš-Brücke die ersten Deutschen – Frauen, Kinder und alte Männer – erschlagen und in die Elbe geworfen wurden, ging das ohne Zweifel organisierte Morden auch in der Gerbergasse und auf dem Marktplatz, also an drei Stellen, los.«

Am Anfang des Mordens verhielten sich die Deutschen passiv und liefen ihren Schlächtern kopflos in die Arme. Erst später legten sie ihre weißen Armbinden ab, die sie als Deutsche erkennbar machten. Vor dem Bankgebäude an der Ecke Straße der Revolution/Bilinskágasse versuchte sich gegen 17 Uhr ein Häuflein Deutscher, alte Männer und Frauen, zu wehren. Nach einem kurzen Kampf wurden alle, zehn bis zwölf Personen, von den Soldaten erschossen oder von sogenannten Revolutionären Gardisten erschlagen. Im Wasserspeicher, heute steht auf dieser Stelle das Hotel Bohemia, in dem deutsche Touristen jeden Abend bei böhmischer Blasmusik und bei Pilsner Bier fröhlich sind und tanzen, wurden Deutsche ertränkt, gesteinigt oder mit Stöcken im Wasser erschlagen. Der Vorsitzende des Nationalausschusses von Ústí nad Labem, Josef Vondra, ein Mann, der sechs Jahre in Konzentrationslagern verbracht hatte, versuchte kurz nach 17 Uhr das große Morden auf dem heutigen Platz des Friedens zu verhindern und die »Revolutionäre« zu beruhigen. Er hatte Glück, daß er selbst nicht neben den Deutschen im Wasserspeicher ein Ende fand.

Erst um 18.25 Uhr haben einige aus Leitmeritz und Teplitz-Schönau schnell nach Aussig abkommandierte Einheiten der Bereitschaftspolizei das Töten gestoppt. Noch in der Nacht traf aus Prag eine Kommission des Innenministeriums in Ústí nad Labem ein und begann mit den ersten Ermittlungen. Der Chef dieser Kommission, Stabskapitän Bedřich Pokorný, hatte im Umgang mit den Deutschen schon Erfahrungen gesammelt. Ende Mai 1945 war er einer der Initiatoren des Todesmarsches von 30 000 Deutschen aus Brünn in Richtung Österreich; nur 18 000 Personen kamen in Österreich an. Die Kommission stellte in Aussig unter anderem fest: Zwei sudeten-

deutsche Häftlinge, ein gewisser Grohmann und ein gewisser Erlenbach aus dem Internierungslager Aussig-Lerchenfelde, haben nach der Explosion des Munitionslagers
aus den umliegenden brennenden Häusern 30 Tschechen,
vorwiegend Kinder, gerettet. Der Häftling Grohmann
wurde dafür mit einem arbeitsfreien Tag und mit einer in
der Woche vom 2. bis 9. August erhöhten Eßration belohnt. Der 63 Jahre alte Häftling Erlenbach aus Teplitz-
Schönau bekam nichts, er war seit Februar 1945 Mitglied
des Volkssturmes gewesen, also ein Nazi und Kriegsverbrecher.

Die Zahl der Deutschen, die dem Massaker in Ústí nad
Labem am 31. Juli 1945 zum Opfer fielen, ist nicht mehr
festzustellen. Im Jahr 1945 gab sich keiner die Mühe, die
Toten zu zählen. Später, in der sozialistischen Tschechoslowakei, durfte über den blutigen Dienstag in Ústí nad
Labem nichts gesagt, geschweige denn etwa geschrieben
werden. Der Historiker Jan Havel will heute zu den Opfern
des Massakers nur jene erschlagenen, erschossenen oder
ertränkten Deutschen zählen, die seine Zeugen, die er
befragen konnte, im Panzergraben am rechten Elbufer,
vor dem Bahnhof in der Gerbergasse, am Elbkai und auf
dem Marktplatz im Wasserspeicher gesehen haben.

Der deutsche Sozialdemokrat Alois Ullmann hat am
Dienstag, dem 31. Juli 1945, nach 19.00 Uhr an drei Stellen an die 400 Tote gezählt. Kajetán Halasa berichtet über
2317 Opfer des Pogroms. Keine von diesen Zahlen, nicht
die niedrigste und auch nicht die höchste, ist heute belegbar. Frau Vlasta Hotová, 1945 Krankenschwester, berichtete über einige deutsche Familien, die sich am Abend des
31. Juli 1945 in Aussig umgebracht haben. Ein tschechischer Zollbeamter, der auf dem Marktplatz gesehen hat,
wie ein uniformierter Revolutionär einer deutschen Mutter

ihr Kind aus dem Kinderwagen nahm, es erschlug und in den vom Blut rotgefärbten Wasserspeicher warf, gab sich Ende Mai 1991 schweigsam. »Einem tschechischen Historiker habe ich über den Vorgang berichtet; einer deutschen Zeitung sage ich nichts«, erklärte der alte Herr.

Der absurde Schlußpunkt des Massakers an den Sudetendeutschen in Ústí nad Labem wurde Anfang August 1945 im Krematorium des nazistischen Konzentrationslagers Theresienstadt, nicht ganz 50 Kilometer südlich von Ústí nad Labem, gesetzt: Im KZ Theresienstadt waren in den Jahren von 1941 bis 1945 an die 30 000 Juden aus ganz Europa gestorben. Sie wurden im Krematorium außerhalb des Konzentrationslagers verbrannt. Die letzten Toten, die in der heutigen Gedenkstätte an nazistische Verbre-

Auf der Elbbrücke begann das Morden: die »Beneš-Brücke« in Aussig im Juni 1991.

chen verbrannt wurden, waren die in Ústí nad Labem
ermordeten Sudetendeutschen.

45 Jahre nach dem Pogrom vom Juli 1945, im Morgen-
grauen des 30. Juli 1990, konnte eine Gruppe von Sudetendeutschen von der ehemaligen Eduard-Beneš-Brücke
Blumen in die heute übel riechende, verschmutzte Elbe
werfen. Ein Jahr später, Ende Mai 1991, kam eine Klasse
des Gymnasiums aus dem hessischen Dillenburg, um mit
den Schülern eines Gymnasiums in Ústí nad Labem über
die tragische Vergangenheit zu diskutieren und einen Weg
zur Versöhnung zu suchen. Den Oberbürgermeister der
Stadt an der Elbe baten die deutschen Gymnasiasten um
Erlaubnis, auf der ehemaligen Beneš-Brücke eine Gedenktafel für die Opfer des Pogroms vom 31. Juli 1945 anzu-
bringen. Die Tschechen und die Stadtverwaltung von Ústí
nad Labem wären auch mit einem deutschen Text einverstanden; für sie ist eine Tafel zum Gedenken an die ent-
setzlichen Ereignisse vor 46 Jahren heute kein Ärgernis
mehr. Mehr als die längst verschütteten Erinnerungen an
den blutigen 31. Juli 1945 quält die Bewohner von Ústí
nad Labem anderes: die Verschmutzung und Vergiftung
der Landschaft durch Braunkohlekraftwerke und durch
veraltete Chemiefabriken, das katastrophale Waldsterben
im Erzgebirge, die zu einer giftigen Kloake gewordene
Elbe, die hohe Kindersterblichkeit und die niedrige Le-
benserwartung in der Stadt und in ihrer Umgebung.

Eine Schülerin aus Ústí nad Labem fragte ratlos die deutschen Gymnasiasten aus Dillenburg, die viel mehr über
Ústí nad Labem und seine tragische Geschichte wissen als
die tschechischen Schüler über ihre eigene Geschichte und
über ihre Stadt: »Wo sollen wir hin, fragen sich auch meine
Eltern, wenn die Sudetendeutschen ihre Häuser zurückbe-
kommen? Sie stellen schon Ansprüche. Und unsere Leute

haben heute Angst, nicht nur vor den Sudetendeutschen, sondern viel mehr vor der drohenden Wirtschaftskrise und Arbeitslosigkeit.«

Ein Schüler zeigte mir aus dem Fenster unten im Elbtal zwei mitten in der Chemiefabrik am südlichen Stadtrand stehende riesige Stahlbehälter. »Darin sind einige hundert Tonnen einer hochexplosiven Chemikalie. Wenn das einmal in die Luft geht, dann werden wir weder mit den Sudetendeutschen noch mit jemand anderem über unsere Zukunft diskutieren können.«

(Juli 1991)

WARUM WOHL WEINTE WALTHER? –
DAS DENKMAL DES MINNESÄNGERS
STEHT WIEDER IN DUX

Erwiesen ist es nicht, aber man kann nicht ausschließen, daß der größte deutsche Lyriker des Mittelalters im nordböhmischen Dux, heute Duchcov, gewesen ist. Im Jahre 1204 reiste Walther von der Vogelweide von Österreich nach Eisenach, wo er gemeinsam mit Wolfram von Eschenbach Gast beim Landgrafen Hermann von Thüringen war. Der uralte, kürzeste Weg von Oberösterreich nach Thüringen und weiter zur Ostsee führte damals über Dux. Ein wenig übertrieben haben es Anfang des zwanzigsten Jahrhunderts sudetendeutsche Heimatforscher, die Walther von der Vogelweides Geburtsort und Heimat in Dux sehen wollten. Um den nicht zu beweisenden Anspruch auf den großen Minnesänger zu bekräftigen, ließen die Bürger von Dux im Jahre 1911 den Bildhauer Heinrich Schelz eine Statue Walthers von der Vogelweide in Bronze gießen. Bis 1945 saß der Dichter mit seiner Lyra und mit seinem Schwert vor den Toren der Stadt und blickte ein wenig wehmütig und ein wenig besorgt gen Osten auf die glänzende Wasseroberfläche des Stadtteiches. An den zweiten berühmten Gast in Dux, den italienischen Abenteurer Giovanni Giacomo Casanova, der als Bibliothekar im Schloß des Grafen Waldstein seine Memoiren schrieb und 1798 in Dux starb, erinnert in der Stadt nichts. Den Italiener mit dem schlechten Ruf mögen die Duxer nicht.

Im Mai 1945 bekam Walther von der Vogelweide als Deutscher eine weiße Armbinde verpaßt. Und als die Deutschen aus Dux vertrieben wurden, mußte auch Walther von der Vogelweide vom Sockel verschwinden. Die Statue des Dichters kam in ein Lager für Altmetall und wurde Anfang der fünfziger Jahre zum Einschmelzen bestimmt. Und damit begann für den zu Lebzeiten weitgereisten Dichter aus Bronze ein geheimnisvoller Irrweg durch Dux. In einem Nacht-und-Nebel-Unternehmen wurde Walther von der Vogelweide aus dem Altmetall-Lager gestohlen und an einen geheimen Ort gebracht. Erst in den sechziger Jahren tauchte er im Lagerraum der Stadtkirche auf; dort lag der Dichter dann bis ins Jahr 1990. Mitte der sechziger Jahre hatte der Minnesänger wiederum Glück, diesmal in Gestalt eines mutigen Pfarrers. Drei Jungpioniere vom Sozialistischen Jugendverband waren dem Minnesänger schon auf der Spur; mit 1,8 Tonnen Bronze hätten die drei den Schulwettbewerb im Sammeln von Rohstoffen gewonnen. Die Pfarrei organisierte eine halbe Tonne Altpapier, und die sammelwütigen Jungen gaben sich zufrieden mit den alten Zeitungen und mit drei Hundertern, die ihnen der Pfarrer zusteckte.

Im Jahre 1990 wurde Walther von der Vogelweide aus dem Keller geholt. Mit finanzieller Hilfe der aus Dux vertriebenen Sudetendeutschen ließ das Gemeindeamt von Duchcov den Lyriker restaurieren, und im Spätsommer 1991 ließ es ihn als Zeichen der Versöhnung an seinem alten Platz aufstellen. Jetzt sitzt Walther von der Vogelweide wieder vor den Toren der Stadt, in der er wahrscheinlich nicht geboren wurde, die aber den großen Dichter vor 80 Jahren aufgenommen hatte.

Kurz nachdem Walther von der Vogelweide seinen Platz im Stadtpark wieder eingenommen hatte, weinte er eines

Nachts. Große, mit Geschick gemalte Tränen flossen über sein Gesicht. Die Leute in der Stadt waren verwirrt: Wer hat dem Dichter Tränen ins Gesicht gemalt? Und was soll Walther von der Vogelweide beweinen? Das Schicksal der im Jahre 1945 vertriebenen Deutschen? Die verwüstete nordböhmische Landschaft? Die toten Wälder des Erzgebirges? Manche Leute sagten: Laßt den Dichter weinen, die Tränen passen zu seinem Gesicht und zu seiner Geschichte in Dux.

Als der Besucher Walther von der Vogelweide sah, weinte er nicht mehr; im grauen Herbstlicht war der Minnesänger traurig: Jemand hatte in der Nacht den Knauf von seinem Schwert abgeschlagen. Ein alter Herr mit Hund kam vor-

Nach 45 Jahren wieder in Dux: Walther von der Vogelweide.

bei und sagte: »Dieser Vandalismus war nicht gegen den Deutschen Walther von der Vogelweide gerichtet. Sie müssen wissen: In den vergangenen Nächten haben Unbekannte fast auf allen Friedhöfen in der Umgebung alles gestohlen, was aus Bronze ist: Buchstaben auf den Grabsteinen, Gitter, ja sogar Engelsflügel. Drüben, in Sachsen, zahlen die Altmetallhändler für ein Kilogramm Bronze bis zu 3,50 Mark.«

(November 1991)

MERKWÜRDIGES UNTER DER SCHNEEKOPPE – SPINDLERMÜHLE IM RIESENGEBIRGE

Josef Plůcha, bis 1945 tschechischer Hausmeister in einem deutschen Erholungsheim, kurz nach dem Krieg Partisan, später Briefträger, heute Rentner in Spindlermühle unter der Schneekoppe, weiß nichts von den mehr als dreißig ermordeten Sudetendeutschen. »Im Mai 1945 ist eigentlich nichts geschehen. Die Partisanen kamen, die Deutschen gingen weg, und damit gehörte Spindlermühle wie vor 1938 wieder zur Tschechoslowakei«, sagt er. Seine Heldentaten im Kampf gegen die wehrlose deutsche Zivilbevölkerung im Mai 1945, an die man sich in Spindlermühle heute erinnert, sind entweder ziemlich bescheiden oder von solcher Art, daß keiner sie erwähnen will.

Ein Beispiel aus Plůchas Kampf gegen die Deutschen: Irgendwann im Mai 1945 hielt er die Spindlers vor ihrem Haus mit seinem Gewehr in Schach, damit die Partisanen die Wohnung ungestört plündern konnten. Bei den Spindlers, es waren arme Leute, war nicht viel zu holen, nur ein wenig Bettwäsche, ein paar Handtücher, sonst nichts, kein Geld, kein Silber, kein Gold. Es war die Zeit der Bereicherung. Josef Plůcha nahm sich als Lohn für seine Verdienste als Partisan in seinem nachträglich geführten Krieg in Spindlermühle gleich drei deutsche Häuser.

Erschossen und verscharrt

Auf die Frage nach ermordeten deutschen Bewohnern aus Spindlermühle schüttelt Herr Plůcha seinen grauen Kopf: »Na ja, an etwas erinnere ich mich. Aber wie viele Leute damals erschossen worden sind und wo, das weiß ich nicht. Die Partisanen haben sich die Leute selbst ausgesucht, sie in den Wald geführt und am Veraweg, am sogenannten ›Mummel‹, erschossen.« Nein, er selbst habe keinen Deutschen umgebracht, aber ein gewisser Jech, im Krieg Hausmeister in einem Hotel, damals Erholungsheim für verwundete Wehrmachtsangehörige, habe den Partisanen Tips gegeben: Nehmt den oder jenen! »Und die 32 ermordeten Deutschen«, seufzt der ehemalige Partisan, »das waren doch alles Funktionäre der nazistischen Partei.«

»War auch Josef Richter ein Nazi?« frage ich. »Na ja, der Richter, das war ein anderer Fall«, erwidert Plůcha mürrisch. Jaromir Čeněk, einen tschechischen Fleischergesellen in einem Hotel, hat Josef Richter 1944, damals Polizist in Spindlermühle, vor dem Gefängnis und wahrscheinlich vor dem KZ bewahrt. »Herrn Richter hat man im Mai 1945 aus Versehen erschossen«, erzählt Jaromír Čeněk. »Da kam, keiner weiß woher, ein tschechischer Offizier ins Hotel Central, wo die Partisanen in einem Badezimmer ihre blutig zusammengeschlagenen Gefangenen unter Verschluß hielten. Er hatte ein Verzeichnis von fünf Deutschen bei sich; unter ihnen war auch Josef Richter. Alle fünf wurden am Veraweg erschossen und verscharrt. Der Offizier ist gleich nach den Erschießungen aus Spindlermühle verschwunden, und erst dann zeigte sich, daß diese Hinrichtung ein Irrtum war.«

Von den zweiunddreißig im Jahr 1945 in Spindlermühle

ermordeten Sudetendeutschen weiß Herr Jaromír Čeněk
nichts. »So viele waren es nicht«, sagt der ehemalige Fleischer. Er erinnert sich aber an einen gewissen Šanda aus
Mladá Boleslav: »Das war damals in Spindlermühle der
Schlächter. Als hier nichts mehr zu stehlen war, zog er mit
seinen sogenannten Partisanen weiter nach Reichenberg.«
Und gab es Partisanen oder Schlächter im Ort? »Nein«,
erwidert Herr Čeněk, »in Spindlermühle gab es keinen
einzigen, alle diese Partisanen kamen von auswärts.«
Am Veraweg, in der »Mummel«, wie die Deutschen sagten,
gleich neben dem heutigen Schlepplift, versucht Jaromír
Čeněk mit dem Bergführer Valerian Spusta und dem Sohn
des erschossenen deutschen Polizisten Josef Richter die
Stelle zu finden, wo die Partisanen ihre Opfer umgebracht
und im Wald verscharrt haben. Von den Grabhügeln blieb
nichts übrig; der Veraweg, 1945 ein Pfad, wurde in den
sechziger Jahren zu einer betonierten Waldstraße ausgebaut. Jaromír Čeněk zuckt mit den Schultern: »Sie müssen
hier irgendwo liegen, kann sein, unter den Betonplatten
oder im Wald.«
»Als ich hierherkam, arbeitete ich im Wald mit einigen
Deutschen. Wir waren zwar gute Freunde, sie hatten aber
Angst, und wenn die Rede aufs Jahr 1945 und auf die
Hinrichtungen hier am Veraweg kam, schwiegen sie.«
Valerian Spusta, der Bergführer, kam 1956 mit seiner
ganzen Sippe und mit zwanzig Kindern aus der Slowakei
nach Spindlermühle. Damals konnte er noch ein von vertriebenen Deutschen verlassenes Haus für 2500 Kronen
kaufen, das sind heute 150 Mark. Aber die Familie Spusta,
gläubige Katholiken, wollte ihr neues Zuhause nicht in
einem ehemaligen deutschen Haus suchen; Spusta baute
sich in Spindlermühle sein eigenes.
»Es ist schon sonderbar, wahrscheinlich schon ein Aus-

druck von höherer Gerechtigkeit«, erzählt Spusta. »Im Jahr 1945 starben hier unschuldige Sudetendeutsche, und nach ihrem Tod und ihrer Vertreibung begann der Verfall des Kurorts und das langsame Sterben des Riesengebirges.« Der Bergführer, seit 30 Jahren beim Bergrettungsdienst, weiß Bescheid: Die Waldgrenze sank in den vergangenen zwanzig Jahren im Riesengebirge um 200 Meter; auf dem einst bewaldeten Bergrücken ist der Wald tot. Die für das Riesengebirge typische Fichte wird im Böhmerwald aus Samen gezogen; erst wenn die Bäume gewachsen sind und Zapfen tragen, sollen sie in ihrer einstigen Heimat, auf den heute kahlen Bergrücken des Riesengebirges, eingepflanzt werden und Wurzeln schlagen.

Werden auch die Sudetendeutschen ins Riesengebirge und nach Spindlermühle zurückkommen? Will man sie im Riesengebirge überhaupt haben? Noch vor fünfzehn Jahren versuchten die Kommunisten, die letzte Erinnerung an Deutsche unter der Schneekoppe mit dem Bulldozer zu zerstören. Der kleine Bergfriedhof in Spindlermühle wurde geschleift. Die deutschen Grabsteine verkaufte die Gemeinde an die Fachschule für Steinmetzen und Bildhauer in Horschitz. Die Zerstörung des Friedhofs war nur für einen Teil der Bewohner von Spindlermühle ein Schock. Die Kommunisten schätzten die Lage, das Denken und die Mentalität der entwurzelten tschechischen Bewohner in Spindlermühle richtig ein: Dem größeren Teil der Bürger war das Schicksal des geschändeten Friedhofs egal. »Am ersten Allerheiligen nach der Zerstörung brannten am Friedhof noch Hunderte Kerzen«, erzählt Valerian Spusta, »aber gleich danach fingen die Leute an, die Friedhofsmauer auseinanderzunehmen. Die schönen Steine kamen in die Grundmauern von Garagen...«

»Der Friedhof wurde im November vor fünfzehn Jahren

zerstört«, erinnert sich Emilie Srogonová. »Eine Gruft mit offenem Sarg blieb den ganzen Winter nicht zugeschüttet. Der Sohn des Toten – jeder in Spindlermühle kennt ihn, so muß ich den Namen nicht nennen – hat den teuren Grabstein aus schwarzem Marmor verkauft. Seinen Vater ließ er dann in der aufgerissenen Gruft im geöffneten Sarg liegen. Erst im Frühling hat er ein wenig Schotter ins Grab schütten lassen. So sind unsere Leute nach vierzig Jahren Kommunismus, ihre Seelen sind abgebrüht und hart.«

NICHT ERWÜNSCHT

In den vergangenen zwanzig Jahren diente der Friedhof als Müllplatz der Gemeinde Spindlermühle; Tierkadaver wurden hier verscharrt. In diesem Jahr hat der zerstörte Friedhof eine neue Mauer bekommen, im nächsten Jahr soll hier eine Gedenkstätte und wahrscheinlich auch ein neuer Friedhof eingeweiht werden. Antonín Čejp, im Herbst 1989 Mitbegründer des Bürgerforums in Spindlermühle, regt es auf, daß der Friedhof mit dem knappen Geld des neugewählten, demokratischen Gemeindeamtes renoviert wird: »Wir kennen doch die Namen jener Kommunisten aus der Parteiorganisation und aus dem Nationalausschuß, die die Zerstörung des Friedhofes angeordnet haben. Nicht wir, sondern die verantwortlichen Genossen müßten die Erneuerung des Friedhofes bezahlen.«
Dem heutigen Gemeindeamt in Spindlermühle wären harte D-Mark für den Wiederaufbau des Friedhofes aus der Bundesrepublik willkommen. Sonst gehen die Stadtväter zu den Sudetendeutschen immer noch auf Distanz: Das Gemeindeamt ließ die Vereinigung der vertriebenen Sudetendeutschen aus Spindlermühle wissen: Eine Teilnahme von Sudetendeutschen an der feierlichen Eröffnung

des Friedhofes ist nicht erwünscht. Und außerdem, ließ
das Gemeindeamt Herrn Josef Richter, den Vorsitzenden
des Vereins der Sudetendeutschen aus Spindlermühle,
wissen, dächten die Stadtväter nicht daran, den Friedhof
zu erneuern, sie wollten ihn vielmehr als Parkanlage nutzen. In dieser Hinsicht gehen die Ansichten des Gemeinde-
amts und der Kirche auseinander. Zwar wird es wegen des
Friedhofs keinen Machtkampf zwischen der Gemeinde
und der katholischen Kirche geben, aber der neue Pfarrer
Stanislav Skalský machte klar: »Wenn der Friedhof im
Sommer 1992 neu geweiht wird, dann wird die Kirche –
nicht das Gemeindeamt oder der Bürgermeister – darüber
zu entscheiden haben, wer eingeladen wird. Und daß wir
Sudetendeutsche einladen werden, die 1945 aus Spindlermühle vertrieben wurden, steht fest.«
Absurd sind die Geschichten, die auch die Erneuerung des
Friedhofs und die Wiedergeburt des kirchlichen Lebens in
Spindlermühle begleiten. Als im Frühling 1991 der Graben für das Fundament der neuen Friedhofsmauer ausge-
hoben wurde, stießen die Arbeiter auf einige Särge und
Tote. Ohne lange zu überlegen, betonierten sie die Särge
und die Toten in die Grundmauer ein. Auf die Frage:
Welche Toten liegen jetzt in der westlichen Friedhofsmauer einbetoniert?, ist in Spindlermühle keine eindeu-
tige oder wenigstens glaubwürdige Antwort zu erhalten.
Helena Potučková, die im Haus Nummer 34 gleich neben
dem Friedhof wohnt, will in einem der vier oder fünf Toten
den ehemaligen tschechischen Pfarrer in Spindlermühle,
Fišera, erkannt haben.
Stefan Srogoň meint, daß unter der Mauer Deutsche lägen,
die 1945 in Spindlermühle erschossen worden seien, und
er erzählt die Geschichte vom Tod des Organisten Rudolf
Gottschein: »Im Mai 1945 mußte er sich am Friedhof sein

Grab ausheben. Als er von den Partisanen im Grab erschossen wurde, mußten ihn drei Deutsche zuschütten, die
am nächsten Tag an derselben Stelle erschossen wurden.
Ihre Gräber wird jetzt keiner mehr finden.«
Emilie Srogoňová und ihr Mann Štefan, beide katholische
Christen, die sich seit Jahren um die Kirche kümmern,
können den Vorgang nicht im einzelnen beschreiben, aber
es steht fest, daß in den letzten Jahren einige kostbare
Bilder aus der Kirche verschwunden sind. Noch im Sommer 1991 hat Frau Srogoňová aufpassen müssen; denn in
der Kirche tauchten in Begleitung eines sogenannten Frie-
denspriesters Besucher auf, angeblich Restauratoren aus
Österreich, und wollten fünf der kostbarsten Bilder nach
Wien mitnehmen. Emilie Srogoňová verteidigte die Bilder, der »Friedenspriester« beschimpfte sie. Es kam zu
einer Auseinandersetzung; der »Friedenspriester« versuchte, mit Gewalt an die Bilder und an andere Kunstgegenstände in der Kirche heranzukommen. Seit jener Zeit
bewahrte Frau Srogonová im Auftrag der katholischen
Gemeinde nicht nur die Schlüssel zur Kirche, sondern
auch zwei vergoldete Kelche und zwei Monstranzen – die
große aus Gold 1906 von der deutschen Familie Erlenbach, den Eigentümern des Hotels Krone, ihrer Kirche
gestiftet – lieber in einem Versteck zu Hause auf.
»Erst als der richtige katholische Geistliche Stanislav
Skalský, schon vor mehr als 15 Jahren im Untergrund zum
Pfarrer geweiht, die Kirche in Spindlermühle übernahm,
habe ich mit meinem Mann die vier wertvollen sakralen
Gegenstände aus dem Versteck geholt.« Emilie Srogoňo-
vás Stimme bebt, als sie weitererzählt: »Die Deutschen
mußten hart arbeiten, um ihrer Kirche Kunstgegenstände
stiften zu können. Und unsere Leute, ja sogar der sogenannte Friedenspfarrer, haben in den Jahren vor 1989 und

noch im vergangenen Jahr zahlreiche Bilder an westliche Käufer verschachert.«

DIE NEUEN ALTEN HERREN

Die Wiedergeburt des einst eleganten, heute verkommenen Kurorts Spindlermühle wird nicht einfach sein. Antonín Čejp sieht die absehbare Zukunft der Region unter der Schneekoppe düster. Für ihn und seine Freunde verlief die sanfte Revolution im Herbst 1989 zu sanft: »Die allmächtigen Genossen von gestern sind heute wieder mächtig, diesmal nicht in politischen, sondern in wirtschaftlichen Bereichen.« Antonîn Čejp ist nicht für Rache an den Kommunisten von Gestern, er ist für Gerechtigkeit: »Es ist unerhört, daß ein ehemaliger Offizier, ein noch 1990 der Partei ergebener Kommunist, jetzt im Rahmen der Privatisierung in Spindlermühle und in der nächsten Umgebung an die 40 Millionen Kronen in bar für den Kauf mehrerer Geschäfte ausgeben konnte. Und er prahlt, er werde für weitere 20 bis 25 Millionen Kronen alles kaufen, was aus dem sozialistischen, vor 1945 deutschen Eigentum privaten Unternehmern zum Verkauf angeboten werde: Autoreparaturwerkstätten, Hotels, Berghütten und anderes. Dieser Genosse und sein Strohmann, ein ehemaliger Skirennläufer, wie wir damals sagten: Repräsentant der sozialistischen Tschechoslowakei, sind, ökonomisch gesehen, die Herren im Tal.«

Auf die Frage: Woher haben die Genossen, die jetzt unaufhaltsam zu Kapitalisten aufsteigen, 40 und mehr Millionen?, gibt es in Spindlermühle drei Antworten: Das Geld, welches der ehemalige Offizier oder in seinem Auftrag sein Strohmann jetzt ausgibt, kommt entweder aus der geheimen Kasse der Kommunistischen Partei, aus den Kassen des aufgelösten, von der KP gesteuerten Verbandes für Sport oder von geheimen Konten der sowjetischen Armee und ihrer politischen Führung, die sich in Spindlermühle für alle Fälle einkaufen möchte. »Das Schlimmste ist«, bemerkt Antonín Čejp, »daß eine der drei Antworten auf die Frage nach der Herkunft des Geldes stimmen muß. Eine vierte gibt es nämlich nicht.«

Im Jahr 1945 haben mutmaßliche Partisanen Spindlermühle und Umgebung geplündert. Heute wird wieder geplündert, allerdings auf die sanfte Art. In der Zeitschrift »Krkonoše« (»Das Riesengebirge«), Nummer 9/1991, berichtet Zdenka Flousková über die endgültige Ausplünderung der ehemaligen deutschen Hotels und Bauden: Wenn ein Hotel oder eine Baude im Rahmen der Reprivatisierung zum Verkauf ansteht, setzt die Direktion der Interhotels Riesengebirge, der Verwalter des seit 1945 sozialistischen, vorher deutschen Eigentums, einen ganz fein und sauber funktionierenden Plünderungsmechanismus in Bewegung: Kunstgegenstände, die die Plünderungen des Jahres 1945 heil überstanden haben, wertvolle Arbeiten der deutschen Holzschnitzer aus dem Riesengebirge, Kachelöfen, Bauernmöbel, Bilder werden von einem Hotel in ein anderes, von einer Baude auf eine andere so lange »verlegt«, bis sie »sich verlieren«, genau gesagt, bis die zeitgenössischen Plünderer – die Zeitschrift führt zwei Namen an – sie für Devisen ins westliche Ausland schieben können.

»Wir haben es kurz nach der Revolution im Herbst 1989 versäumt, den Kommunisten ihr schmutziges Geld zu sperren. Und jetzt kaufen sie sich auch in Spindlermühle mit Geld ein, das sie dem Volk gestohlen haben«, ärgert sich der Bergführer Valerian Spusta. Eines geht ihm nicht in den Kopf: Gegen den Ausverkauf des Staatseigentums

Spindlermühle im Spätherbst 1991: die Kirche mit dem verwüsteten Friedhof.

an Kommunisten, die es geschafft haben, Spindlermühle
herunterzuwirtschaften und nebenbei die Natur und die
Berge zu vernichten, erhebt keiner seine Stimme. Wenn
aber Deutsche, die aus dem Riesengebirge stammen und
deren Vorfahren das Riesengebirge seit dem 17. Jahrhundert besiedelt und kultiviert haben, hier wieder Geld und
Arbeit investieren möchten, dann schreien viele empört:
Wir lassen unser Spindlermühle und das Riesengebirge
nicht von den Sudetendeutschen aufkaufen.

»Wenn ich bedenke, daß die Wiedergeburt Spindlermüh-
les von ehemaligen Kommunisten, die hier alles kaputtgemacht haben, eingeleitet und organisiert werden soll, dann
sehe ich für die Zukunft des Kurorts schwarz, genauer
gesagt: wieder rot«, sagt der Bergführer Valerian Spusta.
Er atmet schwer und schweigt.

(November 1991)

DIE LOBKOWICZ KEHREN NACH BÖHMEN ZURÜCK – WIEDERAUFBAU VON SCHLOSS KŘIMICE

Die Rückkehr der Familie des Fürsten Jaroslav Lobkowicz aus dem Münchener Exil nach Böhmen in ihr Schloß Křimice bei Pilsen hat eine Vorgeschichte. Im Herbst 1938, als in München über das Schicksal der Tschechoslowakei entschieden wurde, sagten fast zwanzig böhmische Adelige, unter ihnen die Lobkowicz, die Czernin, die Sternberg, die Schwarzenberg, ja sogar die ehemals italienischen Colloredo und Belcredi, sie seien bereit, die historischen Grenzen des böhmischen Königreiches auch mit der Waffe in der Hand gegen »diesen österreichischen Gefreiten ohne Manieren« zu verteidigen. Diese Familien blieben auch nach dem 15. März 1939, als Hitler Böhmen und Mähren okkupierte, im sogenannten Protektorat Böhmen und Mähren Tschechen. Die Reichsprotektoren auf der Prager Burg trauten diesen Adeligen nicht. In der Zeit des Zweiten Weltkrieges stellten sie deren Güter unter deutsche Verwaltung.

Im Mai 1945 wurden diese böhmischen Familien – der im Zuge der Gegenreformation nach dem Dreißigjährigen Krieg nach Böhmen und nach Mähren »importierte Adel« mit oftmals deutschen, italienischen oder französischen Namen – nicht, wie dreieinhalb Millionen Sudetendeutsche, aus der Tschechoslowakei vertrieben. Ihr gesamtes Hab und Gut verloren diese böhmischen adeligen Familien, die sich als Bürger der tschechoslowakischen Republik bekannten, dennoch, und zwar drei Jahre später, nach Kriegsende, nach dem kommunistischen Putsch in Prag im Jahr 1948. In der kommunistischen Geschichtsschreibung mußten sich auch die Lobkowicz für die nächsten vier Jahrzehnte damit abfinden, daß sie rücksichtslose Ausbeuter, dekadente Feudalherren genannt und wie minderwertige Bürger behandelt wurden.

Die Familie hat in den vergangenen vier Jahrhunderten die Geschichte Böhmens mitgestaltet, sie hat auch mit dem Lande gelitten. Die Herren Děpold, Zdenko und Vilém von Lobkowicz spielten im Jahre 1618 beim Prager Fenstersturz eine große Rolle. Die Folgen der Schlacht am Weißen Berg von 1620 überstand von den 254 ursprünglich tschechisch-böhmischen, vorwiegend protestantischen Herrengeschlechtern kaum ein Zehntel. Der kaisertreue Vilém der Jüngere von Lobkowicz erwarb zwar damals für fast lächerliche 4337 Schock Meißner Groschen das protestantische Gut Vlčí. Aber schon im Jahr 1665 bezweifelte Graf Franz von Vrbna, daß »Václav von Lobkowicz Oberster Hofmeister werden konnte, da er doch Tscheche sei, was so ist, als wäre man mit einer Todsünde behaftet«.

Ein Fürst Lobkowicz war Botschafter der Tschechoslowakei in Großbritannien und in den Jahren 1939 bis 1945 Mitglied der tschechoslowakischen Exilregierung in London. Der heutige Chef der Familie, Diplom-Ingenieur Jaroslav Fürst Lobkowicz, der 1968 ins Exil ging, blieb konsequent: Er hat nie Asyl oder die deutsche Staatsangehörigkeit beantragt. Er hat die französische Adelige Elisabeth de Vienne geheiratet, wurde aber nie französischer Staatsbürger. Seit mehr als zwanzig Jahren lebt er in Bayern als Tscheche mit einem tschechischen Auswandererpaß. »Die mit der Geschichte Böhmens verbundene Familiengeschichte der Lobkowicz verpflichtet mich, so zu handeln, wie ich gehandelt habe«, sagt er.

Nach fast fünfzig Jahren wird die Geschichte der Lobkowicz in Böhmen fortgesetzt. Einfach wird es Fürst Jaroslav in seiner Heimat nicht haben. Das Schloß Křimice, im Jahr 1951 vom Staat mit der Begründung beschlagnahmt, daß die Familie nicht die Mittel besitze, um dieses tschechische Kulturdenkmal zu pflegen und zu erhalten, ist heute eine unbewohnbare Ruine. Die Kosten für die Renovierung des Schlosses werden auf zwanzig Millionen Mark geschätzt; so viel Geld kann Fürst Lobkowicz, Mitarbeiter eines deutschen Unternehmens, nicht aufbringen.

Auf die Frage »Wissen Sie, Fürst, was Ihnen in Böhmen wieder alles gehört oder demnächst gehören wird?« hat er eine Antwort. Sie liegt in zehn Ordnern: zwei Schlösser und eine Villa samt Inventar, Grundstücke und Häuser in Křimice und in der Umgebung, einige hundert Kunstgegenstände und Möbelstücke, die der Fürst in den vergangenen Monaten mit Hilfe tschechischer Denkmalpfleger und Museenverwalter in ganz Böhmen gefunden hat. Will der Fürst alles zurückhaben? »Verzichten will ich nicht, denn alles wurde uns von den Kommunisten gestohlen, es ist Eigentum meiner Familie. Und ich darf auch nicht verzichten, denn ich habe drei Söhne. Mit allen Museen, Schloßverwaltungen und Bibliotheken, in welchen sich seit 1948 oder 1951 unser Eigentum befindet, habe ich einen Vertrag geschlossen. Solange mein Schloß Křimice nicht renoviert ist, und das wird bestimmt Jahre dauern, bleibt alles dort, wo es ist.«

Die symbolische Rückkehr der Lobkowicz in ihr Schloß in Křimice bei Pilsen fand schon statt. Im Jahre 1951 mußten die Lobkowicz es verlassen, fast auf den Tag genau vierzig Jahre später, im August 1991, brachte Jaroslav Fürst Lobkowicz ein paar Möbelstücke zurück und stellte sie in zwei einigermaßen intakten Räumen seines Schlosses auf. »Und wem wird das Lobkowicz-Palais auf der Prager Burg gehören?« – »Nicht mir, sondern meinen Verwandten, die in Amerika leben. Der jüngste Sohn Viliam ist schon ein Jahr aus dem Exil in Prag zurück und kümmert sich um das Palais auf dem Hradschin.« – »Und was werden Ihre Verwandten mit dem riesigen Palais anfangen?« – »Das ist nicht mein Problem«, erwidert der Fürst, sichtlich um eine große Sorge erleichtert.

In Křimice wird der Fürst im Rahmen der Privatisierung mit zwei tschechischen Partnern eine Teigwarenfabrik übernehmen, die in der ehemaligen fürstlichen Mälzerei untergebracht ist. Ein Teil aus dem Gewinn dieser Fabrik wird für die Renovierung des Schlosses verwendet. Der Fürst denkt auch daran, das Gebäude mit Hilfe ausländischen Kapitals – ein japanisches und ein australisches Unternehmen haben schon Interesse bekundet – in ein Konferenzzentrum umzubauen. Auf die einst herrliche Schloßkapelle im Erdgeschoß will der Fürst auf keinen Fall verzichten; sie wird renoviert. Einige Räume im Erdgeschoß werden als Restaurant eingerichtet; die Křimicer werden in der Zukunft Hochzeiten im Schloß feiern können.

Die Geschichte des wertvollen Mobiliars und der Kunstgegenstände, die die Lobkowicz seit Jahrhunderten gesammelt haben, ist für die sogenannte Kulturpflege eines kommunistischen Staates charakteristisch: Etwa 300 Bilder wurden nach der kommunistischen Machtübernahme im Jahre 1948 aus Křimice an dreißig verschiedene Orte geschafft. Das Schloß diente über fünfzehn Jahre als Lehr-

lingsheim. Als die Kosten dafür zu hoch wurden, überlie-
ßen die Genossen das Kulturdenkmal dem Verfall.

Seit mehr als einem Jahr bereist Fürst Lobkowicz jedes
Wochenende die böhmischen und mährischen Schlösser,
Museen und Archive, auf der Suche nach dem Eigentum
seiner Familie. Mit Hilfe des Prager Nationalmuseums
gelang es ihm, die berühmte Waffensammlung und die
noch berühmtere Lobkowicz-Bibliothek, 20 000 wertvolle
handschriftliche Folianten und Bücher, wiederzufinden.
Das Kostbarste aus dem Besitz seiner Familie wurde allerdings nicht gefunden: 25 Bilder italienischer und holländi-
scher Meister aus dem 16. und 17. Jahrhundert, darunter
mehrere Canalettos und Van Dycks. Sie sind im Jahr 1948
nach einem »Besuch« parteiamtlicher Kulturfunktionäre
aus dem Schloß verschwunden. Mit diesem Diebstahl wird
sich jetzt auch Interpol beschäftigen müssen.

Ein Problem ist für den Fürsten sein Landsitz. Vor 1918
gehörten zum Schloß Křimice mehr als 1200 Hektar
Land. Nach der Bodenreform Anfang der zwanziger Jahre
blieben der Familie 950 Hektar, heute bekommt Fürst
Lobkowicz nur noch 250 Hektar Land zurück. Die einzige
Lösung für seinen landwirtschaftlichen Betrieb sieht er in
einer engen Zusammenarbeit mit den Bauern im Dorf.
Eine landwirtschaftliche Genossenschaft mit 600 Hektar
Land wird in Křimice gegründet. Sie soll den einstigen
Ruhm des Křimicer Krautes erneuern, und die Produkte
sollen sich, wie vor dem Krieg, in Pilsen auf dem Markt
durchsetzen. Die Sache hat einen Haken: Das Ackerland
rund um Křimice ist nach vierzig Jahre dauernder kollekti-
ver Landwirtschaft von Chemikalien verschmutzt.

Was sagen die Leute in Křimice zur Rückkehr des sogenannten Feudalherrn? »Gott sei Dank dafür, daß sie zurückkommen«, sagte eine alte Frau, die in einem kleinen

In Křimice bei Pilsen: die einst prunkvolle Mauer des Lobkowicz-Schlosses.

Haus auf dem Dorfplatz vor dem Schloß wohnt. »Die Lobkowicz lebten doch immer mit uns. Jaroslav, den Fürsten, kennen wir als kleinen Buben, er ging mit unseren Jungen in die Volksschule. Und dann, in der Zeit der Kommunisten, hat er im ganzen Dorf die Fernsehgeräte repariert. Als er 1968 nach Deutschland ging, haben wir uns zugeflüstert: Gut hat er das gemacht, der junge Fürst, denn hier wird es schlimm zugehen. Aber jetzt sag' ich offen, er gehört zu uns nach Křimice!« Die Frau beugt sich herunter: »Stimmt es, daß unser Jaroslav, entschuldigen Sie, unser Fürst Jaroslav, eine französische Prinzessin aus königlichem Geschlecht geheiratet hat?« – »Ich kenne Frau Elisabeth; doch ob sie eine Prinzessin ist, weiß ich nicht.« – »Macht nichts«, erwidert die Frau, »sie gehört zu ihrem Mann, ihr Mann gehört zu uns, also gehört auch Frau Elisabeth nach Křimice! Hier ist sie jetzt nämlich zu Hause!«

Diplom-Ingenieur Jaroslav Fürst Lobkowicz hat drei Söhne: Vladimír, Jaroslav und Philipp. Der älteste, der neunzehn Jahre alte Vladimír Prinz Lobkowicz, studiert in München Jura. Er spricht, wie die meisten Lobkowicz, auch Tschechisch. Seine Zukunft und seine Heimat sieht der ehrgeizige Erbe in Böhmen: »Wir müssen den Leuten beweisen, daß wir es in unserer Heimat schaffen.« Er fühlt sich mit der Tradition seiner Familie, mit Böhmen und mit Křimice, verbunden: »Wenn ich das Studium hier beendet habe, gehe ich sofort in meine Heimat zurück.«

Ihr einziges Eigentum, das unter der mehr als vierzig Jahre dauernden Herrschaft der Kommunisten nicht zerstört wurde, ist die Familiengruft auf einer Anhöhe über Křimice. Jaroslav Fürst Lobkowicz, der Großvater des heutigen Chefs der Familie, war der letzte Lobkowicz, der dort begraben wurde. Er starb 1953, im selben Jahr wie in

Moskau Stalin. Damals gab es für das tschechische Volk und für die Lobkowicz keine Hoffnung und keine Zukunft. Jetzt gibt es in Křimice wieder eine Zukunft: Die Lobkowicz kommen zurück und machen sich gemeinsam mit dem ganzen Dorf wieder an die Arbeit.

(Januar 1992)

Sie sahen sich schweigend um – Angst und Unsicherheit vor den Deutschen

Das Jahr 1990 fing für Lesná, das letzte Dorf im Kreis Tachov (deutsch Tachau) vor der bayerischen Grenze, mit einer Aufregung an: Der neugewählte Präsident Václav Havel entschuldigte sich bei den Sudetendeutschen für die Vertreibung aus der Tschechoslowakei im Jahre 1945. Im Dorf wurden Havels Worte als eine Einladung zur Rückkehr verstanden. Die seit 1945 nicht mehr benutzte Landstraße von Lesná nach Georgenberg in Bayern wurde Tag und Nacht bewacht; im Dorf hielten freiwillige Wachen Ausschau nach zurückkehrenden Sudetendeutschen.

»Sie kamen erst im Frühling«, erzählte mir vor dem »Konsum«-Laden Frau Lída. »Sie besuchten auch unser Haus, das früher ihnen gehört hatte, sie sahen sich schweigend um. Den Kindern brachten sie etwas zu naschen. Ich habe Kaffee gekocht. Zu erzählen gab es nicht viel, denn ich verstehe kein Wort Deutsch.« Dann fügte sie hinzu: »Ob ich Angst vor den Sudetendeutschen habe? Vor einem Jahr hatte ich Angst, aber jetzt nicht mehr.«

Der im Herbst 1990 wieder, diesmal aber frei gewählte Bürgermeister von Lesná, Jan Baran, wollte von Flugblättern, die im Januar 1990 im Dorf kursierten und Václav Havel als Verräter bezeichneten, der die Tschechen im Grenzgebiet den Sudetendeutschen ans Messer liefern wollte, nicht mehr reden. Baran, ehemaliger Soldat der

Grenztruppen, erzählte sichtlich erleichtert von guten Beziehungen zu den Nachbarn in Georgenberg auf der anderen Seite der offenen Grenze: »Wenn die Georgenberger zu Besuch kommen, kochen und backen die Frauen in Lesná böhmischen Schweinebraten mit Knödeln und machen Buchteln. Und wenn wir nach Georgenberg kommen, dann gibt es deftiges bayerisches Essen.«

BAYERISCH-BÖHMISCHE HOCHZEIT

Viel hat sich geändert an der Grenze: Auf dem Grenzberg Vítkov wurden im Oktober zwei steinerne Versöhnungskreuze aus dem 17. Jahrhundert wieder aufgestellt. In Jedlina, einige hundert Meter auf der böhmischen Seite, wurde ein deutscher Friedhof, fast fünfzig Jahre durch Stacheldraht und Minenfeld von der Außenwelt getrennt, in Ordnung gebracht und mit einer feierlichen tschechisch und deutsch gelesenen Messe neu eingeweiht. In Tachov wurde im Oktober die erste bayerisch-böhmische Hochzeit seit 1938 öffentlich gefeiert. Die Braut, Miroslava Dočkalová, kam aus Rozvadov, der Bräutigam, Johann Meckl, aus dem bayerischen Vohenstrauß. In Böhmen wurden die beiden amtlich, in Bayern kirchlich getraut.

Ganz so harmonisch verlaufen die böhmisch-bayerischen Beziehungen allerdings nicht immer. Für die Vertreter des Bürgerforums in der neugewählten Verwaltung des Kreises Tachov, Kamil Báča und Zdenek Kubík, brachte die Öffnung der Grenze auch Probleme. Der Kreis Tachov, noch vor einem Jahr ein Landstrich am Ende der Welt, liegt jetzt zwar, politisch gesehen, mitten in Europa; ökonomisch betrachtet ist die Gegend westlich der Kreisstadt bis zur bayerischen Grenze aber ein dünn besiedeltes Entwicklungsland. Die Gründe dafür sind statistisch erfaßt. Im Jahr 1945 hatte der Kreis Tachov, damals Tachau, 95 000 deutsche Bewohner. Fast alle wurden vertrieben. Heute wohnen im Kreis nicht ganz 50 000 Tschechen und Slowaken. In Zdenek Kubíks Büro liegt auf dem Tisch eine Landkarte des Kreises Tachov. Einige eingezeichnete Dörfer gibt es nur auf dem Papier. Das gesamte Gebiet, von der Grenze bis zwanzig-fünfundzwanzig Kilometer tief ins böhmische Inland, ist fast nicht mehr bewohnt. Bis zum Sommer 1990 war es militärisches Sperrgebiet.

»Und jetzt stehen wir vor der Frage: Was soll mit dem entvölkerten Gebiet geschehen?« Kamil Báča, heute in Tachov für die innere Verwaltung und für die Beziehungen

In Stráž bei Tachau: ein Kreuz auf dem verwüsteten deutschen Friedhof.

des Kreises zu den bayerischen Nachbarn verantwortlich, wußte Mitte Dezember 1990 darauf keine Antwort. Die demokratisch gewählte Kreisverwaltung steht heute vor großen Schwierigkeiten: Auf der einen Seite möchte Kamil Báča, genau wie es auf der bayerischen Seite des Böhmerwaldes geschieht, den Tourismus, den Bau von Hotels und Pensionen fördern, die entvölkerten und zerstörten Dörfer wieder bewohnbar machen. Auf der anderen stößt er auf den Widerstand der Umweltschützer, die den seit fünfzig Jahren unberührten Grenzwald unberührt erhalten wollen.

Im Kreis Tachov fehlt es an Menschen. Jede Familie, die sich westlich von Tachov ansiedeln möchte, ist willkommen. Mitte Dezember hat die tschechische Regierung die Rückkehr von 1000 Tschechen, die Mitte des 19. Jahrhunderts in der Ukraine angesiedelt worden waren, in ihre alte Heimat gebilligt. Das Schicksal hat diese Tschechen in der Gegend von Tschernobyl vergessen; nun, da ihre Dörfer verstrahlt sind, wollen sie zurück nach Böhmen. Zdenek Kubík, im Kreis für die Besiedlung verantwortlich, fuhr nach Prag, um für seinen Kreis wenigstens 15 bis 20 Familien »zu bekommen«.

»Ich hätte gerne 100 Familien geholt«, erzählte er. Die Frage, ob er die 1945 vertriebenen Sudetendeutschen zurückhaben möchte, brachte Zdenek Kubík ein wenig in Verlegenheit. »Fünfundvierzig Jahre nach der Vertreibung ist eine Rückwanderung von einigen hunderttausend Sudetendeutschen ausgeschlossen«, überlegte er laut. »Wir müssen jetzt unsere historische Chance nutzen. Unsere sudetendeutschen und tschechischen Väter haben uns in den Jahren 1938 und 1945 eine gemeinsame Zukunft verdorben. Uns bleibt also nichts anderes übrig, als mit einer neuen Zukunft anzufangen. Aber bevor wir mit der

Zukunft anfangen, müssen wir mit unserer Gegenwart ins reine kommen.«

Die Gegenwart legt den Menschen an der Grenze auf ihrem Weg in eine neue Zukunft Stolpersteine, mit denen sie nicht gerechnet haben. In »Ozvěny« (deutsch: »Das Echo«), einer tschechischen Zeitschrift, gemeinsam von den »Oberpfälzer Nachrichten« und von der »Tachovská Jiskra« herausgegeben, war ein Gespräch mit dem Weidener Kriminalkommissar Josef Seebauer abgedruckt. Die konsumhungrigen Besucher aus Böhmen erliegen gleich hinter der Grenze oft der Verführung des Warenangebotes und klauen. Der Kommissar warnte die Tschechen: »Wenn jemand zum zweiten Mal beim Klauen in Weiden erwischt wird, kommt er nicht mehr mit einer Geldstrafe davon, sondern muß für eine Weile in den Knast.«

Aber auch die Menschen in Tachov und Umgebung haben mit den Besuchern aus Bayern ihre Sorgen. Frau Marketa S., eine Deutsche, in Tachov geboren und in Tachov bis heute zu Hause, schämt sich für ihre bayerischen Landsleute: »Ich kann es nicht fassen, die von drüben kommen zu uns und kaufen wie verrückt oder als hätten sie in Bayern Not. Ich habe es gesehen, eine Frau aus Bayern kaufte bei uns in Tachov fünfzehn Teekannen, eine andere beim Bäcker zehn Gugelhupfe, ein Ehepaar eine Menge Stangen Salami und fünf Kilo Lungenbraten. Wenn die Bayern hier mit der Mark zahlen oder eine Mark offiziell für 20 Kronen in der Bank oder 25 Kronen bei den Schwarzhändlern auf der Straße wechseln, ist für sie alles spottbillig. Die Tschechen, die bei den ständig steigenden Preisen mit dem Geld knapp sind, ärgern sich über die Deutschen, ich glaube zu Recht.«

ANGST VOR DER RÜCKKEHR?

Der Direktor der Volksschule in Přimda, immer noch
Mitglied der Kommunistischen Partei, denn Genosse Karel Halla will sich nicht mausern, hat mit den Deutschen
und vor allem mit den Sudetendeutschen seine Erfahrung
gemacht: »Ich habe noch mit keinem Sudetendeutschen
gesprochen, und es kommen viele zu uns nach Přimda zu
Besuch, der zurückkommen möchte. Es gab heuer nur
einen peinlichen Zwischenfall. Ein Sudetendeutscher, der
in seinem Vaterhaus einen Schrank aus der Zeit seiner
Jugend zu erkennen glaubte, wollte ihn sofort nach Bayern
mitnehmen. Und auf die Frage, ob unsere Leute Angst vor
der Rückkehr der Deutschen haben, kann ich leicht antworten: Seit zwei Jahren bauen die Leute in Přimda wieder
Häuser. Ein Mensch, der Angst hat, daß er sein Dorf
verlassen muß, baut doch kein Haus!«
Die Telefonistin im Gebäude der Kreisverwaltung, eine
Dame im mittleren Alter, hat keine Angst vor den Deutschen. »Nach drei oder vier Besuchen bei den bayerischen
Nachbarn sagte ich mir oft: Sollen uns die Deutschen doch
nehmen!« Frau Lojdová, die Leiterin des Museums, äu-
ßerte den Wunsch, von den Bayern samt Museum »genommen« zu werden. In ihrem feucht-kalten Büro, einem ge-
wölbten Raum im ehemaligen Franziskanerkloster, erzählt sie: »Ich habe die Heimatmuseen drüben im bayerischen Grenzgebiet besucht. Als ich sah, wie sorgfältig und
mit welcher Liebe die Bayern mit ihrer Geschichte umgehen, habe ich mich für mein Museum ein wenig geschämt.«
Ein älterer Herr mit Glatze erzählte im Gasthaus »Lidový
dum« (»Volkshaus«) in Tachov die absurde Geschichte:
»Vor der Kommunalwahl entstand in einer Stadt an der
Grenze, ich will den Namen lieber nicht nennen, eine

Bürgerinitiative für den, ich sage bewußt nicht Anschluß, sondern Beitritt von Stadt und Umgebung zu Bayern.« – »Ein guter Witz! So was hätte nur dem Schwejk einfallen können!« lachte ein anderer Herr, den alle mit »Herr Doktor« anredeten. Der Herr mit der Glatze sah den Doktor ernst an und sagte leise: »Ich glaube, es war eher ein schlechter Witz.«

Ein Problem ist für die Kreisverwaltung von Tachov Staré Sedlo, deutsch Altsattel. Das ganze Dorf, 718 Stimmen, wählte kommunistisch und hat einen Altkommunisten zum Bürgermeister. In Staré Sedlo hat nach der Kommunalwahl im Herbst Havels Bürgerforum nichts zu sagen. Hier herrschen stramme ideologische Sitten, wie früher.

Der dreißigjährige Tonda, so hat er sich vorgestellt, Traktorist auf dem staatlichen Gut in Staré Sedlo, hat für sich das Problem der Sudetendeutschen ein für alle Mal gelöst und bewältigt: »Wir müssen uns mit den Sudetendeutschen gar nicht abgeben. Wir haben sie hinausgeworfen, und damit ist die Sache erledigt.«

Eine alte Frau, die auf ihren angeschwollenen Beinen einen Weg über die eisglatte Straße zum örtlichen »Konsum« suchte, schaute sich unsicher um und sagte: »Ob ich Angst vor den Sudetendeutschen habe? Wenn Sie wirklich meine Meinung hören wollen, dann kann ich Ihnen sagen: Die Sudetendeutschen sind 1938 ein Unglück für ganz Europa gewesen, sie sind ein Unkraut, das ausgerottet gehört.« Von Versöhnung wollte die alte Frau nichts hören. Der geschändete deutsche Friedhof in Staré Sedlo störte sie nicht. Sie sah mich verächtlich an und sagte: »Die sudetendeutsche Vergangenheit verdient nicht einmal einen Grabstein.«

Die Geschichte ist aber, wenn nicht gerecht, so doch ab und zu ausgewogen. In Staré Sedlo wurden die deutschen

Kreuze zerstört. Ein sudetendeutsches Kreuz wird aber jetzt auf der Prager Burg zu sehen sein. Der im böhmischen Teil des Böhmerwaldes geborene Bildhauer Otto Herbert Hajek aus Stuttgart hat Václav Havel sein 1949 aus im Böhmerwald gewachsenem Holz gemeißeltes Kreuz geschenkt. Das Geschenk wurde angenommen; Mitte Dezember 1990 ließ der Staatspräsident den Bildhauer offiziell wissen: Sein Kreuz kommt in die älteste Kirche auf dem Hradschin, in die Basilika des heiligen Georg.

Ein Kreuz eines sudetendeutschen Künstlers wird in der Nähe des Grabes der ersten tschechischen Heiligen, Ludmila, eine mehr als tausend Jahre alte Mauer schmücken.

(Dezember 1990)

»DIE SCHRIEB NUR DEUTSCH« –
DAS GRAB
MARIE VON EBNER-ESCHENBACHS

Der Dorfplatz von Zdislavice, einem mährischen Dorf in der Nähe von Kroměříž, deutsch Kremsier, ist trostlos und verkommen. Die Heiligenstatue gegenüber der Endstation der staatlichen Buslinie hat ihr Antlitz verloren. Es ist zerschlagen. An den Grafen Dubský, dessen Schloß am südlichen Dorfrand nun ein Heim für Behinderte ist, kann sich die alte Frau, die in der Blechbude auf die Ankunft des letzten Busses aus Kroměříž wartet, noch erinnern.

»Ein feiner Herr, eine ganz noble alte mährische Familie«, sagt sie. »Großgrundbesitzer, aber gerecht. Damals haben wir uns für unser Dorf noch nicht schämen müssen. Und ob ich die Frau Marie von Ebner-Eschenbach, eine geborene Dubský, kenne? Ein österreichische Dichterin soll sie gewesen sein? Tja, wissen Sie, ich kenne nicht einmal unsere Dichter. Unter dem Schloß steht eine Kapelle, dort soll eine ganz berühmte Österreicherin begraben sein.« Ein älterer Herr mit Haltung hört zu. »Entschuldigen Sie, daß ich störe. Sie suchen bestimmt die Grabkapelle der Frau Marie von Ebner-Eschenbach.« Der pensionierte Lehrer kennt Marie von Ebner-Eschenbach, geboren 1830 in Zdislavice als Gräfin Dubský. Er hat ihren Roman »Božena« aus dem Jahr 1876 und die Erinnerungen »Kinderjahre« aus dem Jahr 1906 gelesen. Er findet die beiden Bücher, vor allem die »Božena«, Bild und Leben einer einfachen Frau in Mähren, wahrscheinlich in Zdislavice, zwar gut, aber eines kann er der geborenen Marie Gräfin Dubský aus Zdislavice nicht verzeihen.

»Sie hat sich dem mährischen Volk entfremdet. In der Jugend sprach sie nur tschechisch, also unsere mährische Mundart. Und gerade im revolutionären Jahr 1848 hat sie ihren Vetter, einen Hauptmann, später Feldmarschall-Leutnant, geheiratet. Erst dann hat sie Deutsch gelernt, und sie wurde eine österreichische Dichterin. Dabei hätte sie hier in Mähren so viele kluge Jungs aus adeligen mährischen Familien heiraten können! Ein junger Belcredi soll ihr den Hof gemacht haben.«

»Die Belcredis sind keine Mährer, sie kamen aus Italien.«

Seit 1989 renoviert: die Grabkapelle von Marie von Ebner-Eschenbach in Zdislavice.

Dies läßt der Lehrer nicht gelten: »Aber sie waren mährische Patrioten!« Er zeigt den Weg zu der Grabkapelle, in
der seit 1916 Marie von Ebner-Eschenbach begraben liegt.
»Sie kehrte erst nach ihrem Tod wieder heim. Sonst lebte
sie eigentlich nur in Wien. Wie gesagt, sie hat sich vollkommen österreichisiert.« – »Und das können Sie ihr nicht
vergessen?« – »Was heißt vergessen? Aufs Erinnern oder
aufs Vergessen kommt es heute nicht mehr an. Nur die
Tatsachen zählen. Marie Gräfin Dubský hätte eine mährische Dichterin sein können. Die Tschechen haben ihre
Božena Němcová, und wir Mährer haben im 19. Jahrhundert keine Dichterin von Rang und Namen, nur die Ebner-
Eschenbach, aber die schrieb nur deutsch.«
Vor drei Jahren, als Mitglieder des Münchner Adalbert-
Stifter-Vereines die Grabkapelle in Zdislavice besuchten,
fanden sie mitten im Gebüsch eine verwüstete Ruine vor.
Ein Jahr später, 1989, machte die österreichische Journa-
listin Barbara Coudenhove-Calergi das Wiener Außen-
ministerium auf den beschämenden Zustand der Grabkapelle der bedeutendsten österreichischen Dichterin des
19. Jahrhunderts aufmerksam. Die Österreicher interve-
nierten in Prag, und seit Herbst 1989 wird die Grabkapelle renoviert. Der Adalbert-Stifter-Verein in München
hat die Renovierung der Grabkapelle finanziell unterstützt, der größte Teil des Geldes kommt aber aus dem
Fonds der tschechischen Denkmalpflege. Nach den ersten
Plänen sollte die Kapelle mit dem Sarg Marie von Ebner-
Eschenbachs ein Mausoleum werden; nach dem Sieg der
sanften Revolution wurden die Pläne sofort geändert. Die
Kapelle bekommt ihren Altar zurück und soll noch in
diesem Jahr vom Olmützer Erzbischof František Fanjak
neu geweiht werden. Am 12. März 1991, es war der fünf-
undsiebzigste Todestag der Dichterin, durfte zum ersten-

mal seit 1945 eine Gruppe von Mitgliedern des Adalbert-Stifter-Vereins am Grab Marie von Ebner-Eschenbachs wieder deutsch beten.

»Es war schon ein wenig unheimlich, so viele Deutsche in Zdislavice zu sehen«, sagt der pensionierte Lehrer. »Und es werden jetzt wohl immer mehr zum Grab der Dichterin kommen. Wenn wir aber zurück nach Westeuropa wollen, dann werden wir uns auch daran gewöhnen müssen.«

(Mai 1991)

Die stillen Toten unterm Klee bei Pohořelice – Auf den Spuren des Brünner Todesmarsches

Einige hundert der totgeschwiegenen Toten aus Brünn bekommen ihre vergessene Geschichte zurück. In der letzten Ausgabe der Brünner Untergrundzeitschrift »Mitteleuropa« vor der sanften tschechoslowakischen Revolution im Herbst 1989 berichtete Josef Podseník, im Mai 1945 ein führendes Mitglied des Brünner Nationalausschusses, von 1946 bis 1948 Oberbürgermeister von Brünn, über die Vorgeschichte der wilden Vertreibung der Deutschen aus der mährischen Landeshauptstadt am 30. Mai 1945.

Fünfundvierzig Jahre später bin ich nach Brünn gefahren, um mit dem ehemaligen Brünner Oberbürgermeister darüber zu sprechen. Erst dort habe ich erfahren, daß Josef Podsedník seit einem halben Jahr tot ist. Ich war also, was die Vorgeschichte des Brünner Todesmarsches nach Pohořelice angeht, auf seine »Chronik meines Lebens« und auf Aussagen von drei ehemaligen Mitgliedern des Brünner Nationalausschusses aus dem Jahr 1945 angewiesen. Gesprächig waren sie nicht. Kein Wunder; alle drei waren am 30. Mai 1945 auf der Landstraße Nr. 52 zwischen Brünn und Pohořelice als junge »Revolutionäre Gardisten« und »Partisanen« dabei, als Frauen, die nicht mehr weitergehen konnten, nach einem Genickschuß im Straßengraben starben, als erschöpfte alte Männer zu Tode getrampelt wurden.

Im Jahr 1944 lebten in Brünn 60000 Deutsche. Als im
März 1945 die Front näher kam, verließen 40000 Deutsche die Stadt; 20000 oder 25000 alte Männer, Frauen,
Kinder und Antinazis, blieben dort, auch nachdem die
Rote Armee nach schweren Kämpfen am 26. April 1945
Brünn erobert und besetzt hatte. Den ersten verhängnisvollen Fehler beging der Nationalausschuß Anfang Mai
1945, als er die Überwachung von dreihundert gefangenen
Nazis, die vor Gericht gestellt werden sollten, ehemaligen
politischen Häftlingen übertrug, die erst einige Tage zuvor
aus deutschen Konzentrationslagern und aus Gefängnis-
sen der Gestapo nach Brünn zurückgekehrt waren. Mitte
Mai erreichten den Brünner Nationalausschuß Berichte
über schreckliche Zustände in den Brünner Internierungslagern. Josef Podsedník inspizierte mit einem Mitglied des
Nationalausschusses, Dr. Lekavý, alle Lager, in denen
sich gefangene Deutsche befanden. Überall wurden die
beiden Mitglieder des Brünner Nationalausschusses von
den ehemaligen politischen Häftlingen, die sich »Revolutionäre Gardisten« nannten, bedroht und als Verräter an
der tschechischen Sache beschimpft.

Aufgrund des Berichtes von Josef Podsednik über die
katastrophalen Zustände in den Internierungslagern für
Deutsche beschloß der Brünner Nationalausschuß Mitte
Mai 1945, die Wachmannschaften auszuwechseln und die
Lager unter das Kommando von Polizeibeamten zu stellen. Diese zu spät getroffenen Entscheidung hatte verhäng-
nisvolle Folgen. Die aus ihrem freiwilligen Dienst entlasse-
nen politischen Häftlinge sahen sich um den Lohn ihrer
revolutionären Verdienste gebracht und begannen um so
heftiger die Vertreibung aller Deutschen aus der Stadt zu
fordern. Verbündete fanden sie in den Arbeitern des Brünner Rüstungswerkes Zbrojovka. Aus heutiger Sicht war es

ein absurdes Bündnis: Die politischen Häftlinge, die unter
den Nazis in Konzentrationslagern oder in Gestapo-Ge-
fängnissen gelitten haben, konnten damals nicht wissen,
daß die Arbeiter des Rüstungswerkes Zbrojovka noch
Anfang April 1945, zwei Wochen bevor die Rote Armee
die Stadt eroberte, für die Nazis am Fließband Waffen
hergestellt hatten.

»Am 20. Mai 1945 war der Nationalausschuß in der deutschen Frage unter starken Druck der Öffentlichkeit geraten. Wir haben also beschlossen, das Problem der Deutschen in der Stadt in einer Sondersitzung zu lösen«,
schreibt Josef Podsedník in seinen Memoiren. Er irrt nur
im Datum: Der Nationalausschuß behandelte die Frage
der Deutschen erst am 29. Mai 1945. Alles andere stimmt:
Den Vorsitz führte Josef Podsedník, denn der Vorsitzende
des Nationalausschusses, Matula, war mit einem führenden Polizeibeamten und Offizieren der Armee zu einer
mehrtägigen Besprechung nach Prag gereist. Auch dies
wurde den Deutschen zum Verhängnis. Als sich am
30. Mai 1945 der Brünner Todesmarsch in Richtung
österreichische Grenze in Bewegung setzte, waren leitende
Polizeibeamte und führende Offiziere der tschechoslowakischen Armee, die den Marsch hätten aufhalten können,
nicht in der Stadt.

Ein Abgeordneter der tschechischen national-patrioti-
schen Partei schlug dem Nationalausschuß vor, alle
20000 oder 25000 Brünner Deutsche (die genaue Zahl
wußte keiner zu nennen), die noch in ihren Wohnungen
lebten, in Schulen zu internieren, sie zu verhören und zu
überprüfen. Bevor es aber zu einer Aussprache über den
Vorschlag kam, meldete sich der kommunistische Abgeordnete František Chlup zu Wort und teilte dem Nationalausschuß mit: »Es hat keinen Sinn mehr, sich mit der Frage

der Deutschen zu beschäftigen, denn eben habe ich diese
Nachricht bekommen: Der Vorsitzende des Nationalausschusses, Matula, ist aus Prag nach Brünn zurückgekom-
men und verhandelt im Gebäude des Polizeipräsidiums
mit den Arbeitern des Rüstungswerkes Zbrojovka über die
Abschiebung aller Deutschen aus der Stadt.« Eine Stunde
später erschien im Sitzungssaal des Rathauses der Vorsitzende Matula und teilte den Abgeordneten mit: »Der Poli-
zeipräsident von Brünn, Dr. Babák, hat die Forderung der
Arbeiter des Rüstungswerkes Zbrojovka nach einer wilden
Abschiebung der Deutschen aus Brünn zurückgewiesen,
er hat sie auch ausdrücklich verboten.«

Der Nationalausschuß nahm diese Mitteilung mit sichtli-
cher Erleichterung an; die für die Ordnung in Brünn
Zuständigen fuhren schnell nach Prag zurück. Das Problem der Deutschen schien für diesen Tag und für die
nächsten Tage erledigt. Nach etwa zwei Stunden ließ aber
der Vertreter der Arbeiter des Rüstungswerks Zbrojovka,
der Abgeordnete Kapoun, den Nationalausschuß wissen:
Wir, die Arbeiter des Rüstungswerkes Zbrojovka, nehmen
die Abschiebung aller Deutschen aus Brünn selbst in die
Hand. Alle Deutschen haben sich morgen, am 21. Mai
1945 – Josef Podsedník irrt, auch diesmal nur im Datum,
denn die Abschiebung der Brünner Deutschen und der
Todesmarsch begannen am 30. Mai 1945 – um sechs Uhr
morgens mit Handgepäck im Altbrünner Klostergarten
bei der Revolutionären Garde zu melden.

AM FEST FRONLEICHNAM

Am 30. Mai 1945 um acht Uhr setzte sich der Zug von
20 000 oder 25 000 Deutschen, vorwiegend alte Männer,
Frauen und Kinder, aus dem Garten des Augustinerklo-

sters in Richtung Österreich in Bewegung. Die Zahl der bewaffneten »Revolutionären Gardisten«, »Partisanen« und Arbeiter des Rüstungswerkes Zbrojovka, die den Zug bewachten, schätzen Zeugen auf 150 bis 200 Personen. Der einzige Deutsche, der in Brünn zurückbleiben konnte, war der Naturwissenschaftler Gregor Johann Mendel. Vom Sockel seiner Statue im Klostergarten, in dem er seine weltberühmten Kreuzungsversuche mit Pflanzen machte, sah er seine Landsleute Brünn durch die Kreuzgasse in Richtung Süden verlassen. Um neun Uhr läuteten in Brünn die Glocken zum Fest Fronleichnam. Die Spitze des Zuges der mit Gewalt vorangetriebenen Deutschen, der sich zehn Kilometer hinter Brünn in einen Todesmarsch verwandeln sollte, erreichte den Brünner Zentralfriedhof.

Am nächsten Tag, am Montag dem 31. Mai 1945, kam in das Brünner Rathaus eine Schreckensnachricht nach der anderen: In den Straßengräben entlang der Landstraße von Brünn nach Pohořelice lägen erschöpfte oder tote Menschen. Josef Podsedník setzte sich mit seinem Stellvertreter Dr. Lekavý ins Auto und fuhr in Richtung Pohořelice los. Er schreibt in seinen Memoiren: »Entlang der Landstraße nach Pohořelice sahen wir keine Deutschen, nur ab und zu lagen im Straßengraben zurückgelassene Koffer oder Rucksäcke. Erst am Nordrand von Pohořelice sahen wir einige Deutsche von bewaffneten Arbeitern der Zbrojovka-Werke bewacht liegen. Wir konnten jedoch nichts tun, denn wir hatten keine Vollmacht, und außerdem wußten wir zu gut, daß wir uns gegen die sogenannten »Revolutionären Gardisten« nicht durchgesetzt hätten.

Josef Kratochvíl, 1945 Offizier der tschechoslowakischen Armee, und sein Bruder Dr. Antonín Kratochvíl, beide aus Brünn, fuhren am 30. Mai 1945 nachmittags mit einem

Motorrad auf der Landstraße Richtung Pohořelice und sahen, was Josef Podsedník am 31. Mai vormittags entweder nicht gesehen hatte oder nicht hatte sehen wollen: tote alte Männer, Frauen und Kinder im Straßengraben, vergewaltigte Frauen. Josef Kratochvíl, in der Uniform eines Offizieres der tschechoslowakischen Exilarmee aus England, konnte einige der »Revolutionären Gardisten« an Grausamkeiten hindern, aber er konnte nicht überall sein. Am Abend gab er auf, kehrte mit seinem Bruder nach Brünn zurück und erstattete seinem Kommandanten Meldung. Der Major der tschechoslowakischen Exilarmee aus England zuckte mit den Schultern: »Verlangen Sie von mir, gegen die verrückten Gardisten und Partisanen auf der Landstraße nach Pohořelice einen privaten Krieg zu führen?«

»Über 1700 alte Männer, Frauen und Kinder sind an Fronleichnam 1945 auf dem Todesmarsch zwischen Brünn und Pohořelice ums Leben gekommen«, sagte mir ein Mann, der nicht genannt werden will, 1945 Mitglied des revolutionären Nationalausschusses. Nach diesen Worten wurde er verlegen, kratzte sich am kahlen Kopf und fügte etwas verärgert hinzu: »Es ist einmal geschehen. Tote soll man ruhen lassen.«

Fünfundvierzig Jahre später, Mitte Mai 1990, fuhr ich mit dem Auto die Landstraße von Brünn nach Pohořelice. Ich suchte Zeugen des Todesmarsches. Im Dorf Ledce begegnete ich einer alten Frau. Im Straßengraben mähte sie für ihre Kaninchen Gras, Löwenzahn und Brennessel.

»Ob ich mich an die Deutschen im Mai 1945 erinnere? Das kann man nicht vergessen«, sagte sie. »Als sie die Landstraße von Brünn her wie Vieh, ja wie Vieh, getrieben wurden, kochte ich gerade für unser Schwein Kartoffeln. Den ganzen Kessel hab ich an die hungrigen Menschen verteilt. Und meine Freundin, die Anna, sie lebt in Nummer 22, hat frisches Wasser gebracht. Aber diese jungen Kerle mit Gewehren haben uns ins Haus gejagt. Die ganze Nacht hörten wir in der alten Scheune neben der Landstraße die, die nicht mehr gehen konnten – es müssen an die hundert gewesen sein – weinen und um Hilfe schreien. Ab und zu fiel ein Schuß. Und in der Morgendämmerung fuhren sie mit zwei Lastern die Toten aus der Scheune weg. Wohin? Na ja, heute kann ich es Ihnen ja sagen: Wenn Sie in Richtung Pohořelice fahren, dann steht rechts im Feld ein Kreuz. Ein gewisser Jacob Haschka ließ es vor fast 200 Jahren errichten. Und rund um das Kreuz, da liegen sie. Fragen Sie mich nicht wie viele. Man hat sie damals nicht gezählt, und heute will von diesen Toten auch keiner wissen.«

Das Kreuz ist nicht zu übersehen. Es steht zehn Meter vom Straßenrand entfernt. In diesem Jahr wächst auf dem Feld um das Kreuz Mais. Der das Feld beackerte und den Mais säte, gab sich Mühe und machte um das Kreuz links und rechts einen großen Bogen. Ich scheuchte links vom Kreuz ein Fasanenweibchen auf; sie saß hier in ihrem Nest auf drei Eiern. Der große braune Vogel umflatterte meinen Kopf, er schrie, er stellte sich verletzt und wollte mich von seinem Nest fortlocken. Ein Mann auf einem roten Moped blieb am Straßenrand stehen und schrie mich an: »Hej, was suchen Sie? Hier ist überhaupt nichts mehr zu finden, vielleicht nur ein paar Knochen. Alles wurde schon vor Jahren ausgegraben und weggeschafft!« – »Wohin?« – »Weiß ich nicht, es ist mir auch egal«, antwortete er, gab Gas und fuhr in Richtung Brünn weiter.

In Pohořelice, wo am 1. Juni 1945 in der Lagerhalle rechts von der Landstraße Nr. 54 nach Znaim das große Sterben begann, sprach ich mit Herrn Janoušek, dem Fotografen, der bis zu seiner Pensionierung Stadtchronist gewesen war. »1949 mußten wir die alte Chronik der Polizei übergeben und eine neue schreiben«, sagte er mir. »Wenn Sie mich nach den Deutschen aus Brünn fragen, die unterwegs nicht gestorben sind und es geschafft haben, bis nach Pohořelice zu kommen, dann kann ich Ihnen nur sagen: Die sind hier wie die Fliegen gestorben, ohne ärztliche Hilfe, ohne Pfarrer.«

Herr Janoušek schickte mich zum Pfarrer Karel Moštěk. Pfarrer Moštěk, der zwanzig Jahre Berufsverbot hatte, hat in einer Predigt im April 1990 die 800 toten Deutschen erwähnt, die in der Stadt an Hunger, Erschöpfung und an Ruhr starben. Er predigte Versöhnung mit den Deutschen und sprach den Leuten, wie man in Mähren sagt, ins Gewissen. In den nächsten Tagen bekam Pfarrer Moštěk anonyme Drohbriefe; alle waren in Pohořelice aufgegeben. »Die Leute hier sind noch nicht reif für die volle Wahrheit über die grausame Vertreibung der Deutschen, sie wollen davon nichts wissen, sie verdrängen immer noch ihre Geschichte«, sagte er mir. »Bitte verstehen Sie mich: Meine Kirche wäre fast zusammengestürzt, so kümmere ich mich darum, daß sie repariert wird. Das soll nicht bedeuten, daß mir die toten Deutschen egal sind. Aber dennoch: Mehr als die Toten hinter der Stadt brauchen mich Menschen, die in der Stadt leben.«

Die von der Pfarrei geführte Sterbematrikel wurde 1949 von der Geheimpolizei beschlagnahmt; wo sie sich heute befindet, wußte der Pfarrer nicht. Aber er gab mir einen guten Rat: »Herr Horký wohnte damals 1945 in Pohořelice, und er weiß über die Deutschen alles.«

Herr Alois Horký verkauft vormittags Gas; ich konnte ihn erst nachmittags sprechen. »Sie haben ein Auto, wir werden also ein wenig spazierenfahren«, sagte er, und wir

fuhren auf der Landstraße Nr. 52 in Richtung Mikulov los. Erst nach einer Weile fragte er mich: »Sie wollen also wissen, wo die 800 Deutschen begraben liegen, die in der Lagerhalle gestorben sind?« Zweihundert Meter hinter dem letzten Gebäude des landwirtschaftlichen Forschungsinstituts sagte Herr Alois Horký: »Bleiben Sie stehen. Hier ist es.«
Ich blieb stehen, wir stiegen aus dem Auto; am Straßenrand sah ich einen sterbenden Akazienbaum und dahinter ein Kleefeld. »Fällt Ihnen nichts auf?« fragte Herr Horký. Nein, es war mir nichts aufgefallen. Nur die Stille war stiller als sonst, aber kein Wunder, es war Samstagnachmittag. »Schauen Sie sich das Kleefeld genau an.« Ich schaute mir das Feld genauer an und erkannte im hellen Grün eine dunkelgrünes Rechteck. »Da liegen sie«, sagte Herr Horký. Die Akazienbäume links und rechts hatten schon Blätter und blühten, nur der Baum vor dem dunkelgrünen Rechteck war fast kahl.
»Es gibt ein Verzeichnis der Toten. Die Tochter des Totengräbers hat es«, sagte Herr Horký leise und erzählte mir noch leiser die Geschichte des Totengräbers von Pohořelice: Herr Julius Hofman, er ist vor einem Jahr gestorben war ein frommer Christ. Als ihm am 3. Juni 1945 die Revolutionären Gardisten befahlen, die ersten Toten aus der Lagerhalle in der Nacht zu holen und für alle Fälle ein Massengrab am südöstlichen Stadtrand zu schaufeln, tat Herr Hofman scheinbar wie befohlen. Aber er, der gute Christ, schaufelte kein Massengrab. Herr Hofman machte sich die Mühe und grub für jeden Toten ein Einzelgrab, wie es sich gehört.
Zwei Stunden später hielt ich das Verzeichnis von 439 Toten, in Schönschrift vom Totengräber Julius Hofman im Monat Juni 1945 geschrieben, in den Händen. In der

ersten Nacht begrub Herr Julius Hofman in der Gräber-
gruppe I, erste Reihe, die ersten acht Toten: Leopold Wolf
aus Brünn, Franz Vorel aus Brünn, einen unbekannten
Mann, Clementine Woland aus Brünn, eine unbekannte
Frau, gestorben am 1. Juni, einen unbekannten Mann und
noch eine unbekannte Frau. Falls irgendwann die Gräber
am Südostrand von Pohořelice Namen bekommen, wird
man die meisten Toten nach dem Verzeichnis des Totengräbers Julius Hofman identifizieren können. Er führte
sein Buch genau: Ein jeder von den 439 Toten bekam in
den Gräbergruppen I bis IV sein Einzelgrab und seine
Nummer. Im Totenbuch ist, soweit Julius Hofman es
erfahren konnte, der Name des Toten, sein Geburtsdatum,
die Anschrift und der Tag seines Todes vermerkt. Alle
Toten waren alte Männer, Frauen oder Kinder. Kein einziger Mann war im wehrtüchtigen Alter oder auch nur, im
Frühling 1945, für den Volkssturm zu gebrauchen.

ZWÖLF BLÄTTER FEHLEN

»Mein Vater hätte es nicht geschafft, allein so viele Gräber
zu schaufeln«, erzählte mir 45 Jahre später seine Tochter;
»ein Verwandter half ihm dabei. Er steckte sich bei den
toten Deutschen mit Ruhr an und starb. Aber es hat sich
immer jemand gefunden, der meinem Vater half.«
Im Totenbuch des Totengräbers Julius Hofman fehlen
zwölf Blätter. Auf jeder Seite hat Herr Hofman acht Tote
vermerkt. Man kann also annehmen, daß in seinem Totenbuch 96 Tote fehlen. Haben die 12 Seiten Julius Hofmans
Enkelkinder herausgerissen, die auf der ersten und letzten
Seite mit Bleistift eine Blume, einen Schneemann und den
Zug nach Vranovice gemalt haben? Achthundert Deutsche
sollen auf dem Todesmarsch aus Brünn in Pohořelice

10. Neznámý
† 7/VI 1945 Zde

I. Grupe 5. R.

1. Bier Franz, professor, * 10/?? 1882 v Brně, Pisárecká č. 8, † 7/VI 1945 Zde.
2. Durka Julie, * 31/XII 1874 Brně..., † 7/VI 1945 Zde.
Neznámé dítě asi 10 m... † 7/VI 1945 Zde chlapec
3. Hildegarde Hickas, * 3/X 1867 v ..., † 7/VI 1945 Zde
4. Stanzak Jan, * 4/9 1860 ... v Brně, † 7/VI 1945 Zde
5. Maximilian Adolf, * 1/8 1872 v Brně, † 7/VI 1945 Zde
6. Kovalsky Marie, * 22/8 1897 ... Brně, † 7/VI 1945 Zde
7. Neznáma, † 7/VI 1945 Zde

F Grupa VII R.

10. Eckl Luisi, * 17/V 1875, † 6/VI 1945 Zde, Brno

I. Grupe 4. R.

1. Smejkal Rudolf, * ... 1945, † 6/VI 1945 Zde, Brno
2. Neznáma, † 6/VI 1945 Zde
3. Bluttenbauer Stefanie, * v Brně 66 L, † 6/VI 1945 Zde
4. Stein Karol, * 28/VII 1883, † 6/VI 1945 Zde, Brno
5. Prikryl Rudolf, * 5/V 1870 v Hodoníně, † 6/VI 1945 Zde
6. Fischrova Marie, Brno, † 6/VI 1945 Zde
7. Neznámy, † 6/VI 1945 Zde
8. Neznáma
9. † 6/VI 1945

Auf den Spuren des Todesmarsches: das Totenbuch von Pohořelice-Pohrlitz aus dem Jahr 1945.

gestorben sein. 439 Tote, darunter viele unbekannte, hat der Totengräber in seinem Totenbuch verzeichnet, mindestens 96 Namen hätten auf den 12 herausgerissenen Seiten stehen können. Herr Julius Hofman konnte also in seinem geheim geschriebenen Totenbuch 535 Deutsche aufgeschrieben haben. Wenn am südöstlichen Stadtrand von Pohořelice tatsächlich – und ich habe keinen Grund, Herrn Alois Horký nicht zu glauben – an die 800 Deutsche aus Brünn begraben liegen, dann mußte ich mich fragen: Wo ist das Verzeichnis der restlichen 300 Toten? Gibt es außer dem Totenbuch von Julius Hofman in Pohořelice noch eine weitere Sterbematrikel aus dem Jahr 1945? Es gibt sie.

Ich habe die offiziell im Jahr 1981 auf Weisung des Prager Innenministers angefertigte Sterbematrikel der Toten aus dem Internierungslager im Büro des Nationalausschusses in Pohořelice gelesen; ich habe 303 Tote gezählt. Alle starben im Juni 1945 an Herzschlag, verbunden entweder mit Altersschwäche oder mit Ruhr. Keiner von den 303 soll an Hunger, Erschöpfung oder, Gott bewahre, durch einen Genickschuß, durch Selbstmord aus Verzweiflung oder, wie mindestens sieben deutsche Frauen, nach mehrfacher Vergewaltigung ums Leben gekommen sein. Sogar bei einem unbekannten zweijährigen Kind steht als Todesursache: Altersschwäche.

Die absurde Geschichte dieses offiziellen Totenbuches erzählte mir die pensionierte Archivarin der Stadt Pohořelice, Frau Anna Peterková. Im Jahr 1958 tauchten im Archiv des Nationalausschusses plötzlich 303 Totenscheine von Brünner Deutschen aus dem Jahr 1945 auf. Frau Peterková ordnete sie und wollte für die Toten aus dem Internierungslager in Pohořelice eine Sterbematrikel anlegen. Die Geheimpolizei war jedoch schneller. Sie beschlagnahmte alle Unterlagen, die sie wohl selbst produziert und der Archivarin untergeschoben hatte. Frau Peterková wurde streng verboten, die 303 toten Deutschen und die verdächtigen Totenscheine auch nur zu erwähnen. Erst im Jahr 1981 kamen die 1958 in Pohořelice beschlagnahmten Totenscheine mit der Anordnung des Prager Innenministers zurück, die Sterbematrikel unverzüglich zu schreiben und auch Westdeutschen, falls sie eine schriftliche Bewilligung des Innenministers vorlegten, Einsicht in das Buch zu gewähren. Seit 1981 aber hat die von Frau Peterková sorgfältig angelegte Sterbematrikel von 303 Deutschen aus Brünn niemand sehen wollen, weder ein Deutscher aus der Bundesrepublik noch sonst jemand.

Mir wurde klar: Herr Julius Hofman hat im Juni 1945 ohne Zweifel 439, wahrscheinlich 535 an Hunger, Erschöpfung, an Folter und an Ruhr gestorbene Deutsche begraben und in seinem Totenbuch sorgfältig, sorgfältiger ging es in der damaligen Zeit wohl nicht, vermerkt. Nach seinem unvollständig erhaltenen Totenbuch hat Herr Julius Hofman den letzten Toten am 29. Juni 1945 begraben, wahrscheinlich jedoch, da in seiner geheim geführten Sterbematrikel 12 Seiten fehlen, fünf oder sechs Tage später. Die Sterbematrikel, die heute auch ohne Bewilligung im Büro des Nationalausschusses in Pohořelice jeder sehen kann, ist wahrscheinlich eine Fortsetzung, bestimmt jedoch eine Ergänzung des Totenbuches von Herrn Julius Hofman.

Die achthundert vergessenen Toten aus dem Jahr 1945 unterm Klee des Jahres 1990 sind still. Frau Věra Žabková, die heute im Nationalausschuß von Pohořelice die Sterbematrikel von 303 Deutschen betreut, fällt es schwer, über den grausamen Todesmarsch von 20 000 oder mehr

Im hellen Grün ein dunkelgrünes Rechteck: Kein Kreuz für die mehr als 800 beim Brünner Todesmarsch umgekommenen Deutschen.

Deutschen aus Brünn und über das große Sterben in Pohořelice zu reden. Als die Deutschen auf der Landstraße von Brünn und in den Pohořelicer Lagerhallen starben oder ermordet wurden, war Frau Žabková noch nicht geboren. Als in den vergangenen Jahren westdeutsche Touristen immer wieder nachts heimlich auf dem Feld hinter dem landwirtschaftlichen Forschungsinstitut und an den Außenwänden der Lagerhallen Kerzen anzündeten und Kränze mit deutschen Aufschriften niederlegten, schämte sie sich.

Frau Tereza Malíšková die im Kiosk auf der Hauptstraße Zeitungen und Zigaretten verkauft, war im Mai und im Juni 1945 als junges Mädchen in Pohořelice. »Es war schrecklich«, sagte sie mir »es war so schrecklich, daß ich davon überhaupt nicht reden will. Ich will es ganz einfach vergessen.«

»Kann man achthundert unschuldig zu Tode gequälte, ermordete Menschen vergessen?« Frau Tereza Malíšková sah mich böse an und sagte mit heiserer Stimme: »Sie sind ganz einfach gestorben, an Ruhr sind sie draufgegangen. Fünfundvierzig Jahre danach habe ich schließlich ein Recht, endlich meine Ruhe zu finden.«

Die Ruhe der achthundert toten Deutschen unter dem blühenden Klee ist nach fünfundvierzig Jahren gefährdet: Die neue vierspurige Schnellstraße, die Pohořelice von der Plage des Durchgangsverkehrs nach Wien und aus Wien nach Brünn befreien wird, soll über die Gräber führen.

(Mai 1990)

Landstrasse 461 –
Ein Kreuz am Weg

I m Frühling 1990 wuchs neben der Landstraße Nr. 461 unweit von Pohořelice in Südmähren grüner Futterklee. Jemand sagte mir damals, es sei eine ganz teure Sorte, aus Schweden importiert. An einer Stelle war der Klee saftiger. Alois Horký, ein Rentner, der in Pohořelice Gasflaschen verkauft, hatte damals keine Mühe, die Stelle zu finden, wo zweihundert Meter hinter dem letzten Gebäude des landwirtschaftlichen Forschungsinstituts an die 800 beim Brünner Todesmarsch Ende Mai 1945 erschlagenen oder an Erschöpfung gestorbene Deutsche begraben liegen.

Vor dem Sieg der tschechischen sanften Revolution im Herbst 1989, so erzählte mir die Tochter des Totengräbers von Pohořelice, hat die Polizei mit dem Massengrab am Stadtrand nur Kummer gehabt. Immer wieder hat jemand am Rande des Feldes Kerzen angezündet, an Allerheiligen brannten hier manchmal Hunderte von Lichtern; Kränze wurden nachts aus fahrenden Autos mit westdeutschen oder österreichischen Kennzeichen auf das Feld geworfen. Man sprach damals von revanchistischen Provokationen, organisiert von ehemaligen Brünner Deutschen, allesamt Faschisten, die im Westen leben.

Anfang Dezember 1991 war die Landstraße leer. Schnee lag in der Luft; es roch nach Frost und nach künstlichem Dünger. Der Verkehr wurde umgeleitet; in Pohořelice ist die Zufahrt zur Nr. 461 gesperrt, die die Stadt mit Brünn, Nikolsburg und Wien verbindet. An der Stelle, wo in dem frisch gepflügten Feld seit dem Brünner Todesmarsch im Mai 1945 800 Tote liegen – nächstes Jahr soll hier Getreide von der feinsten Sorte wachsen –, steht nur ein schlichtes Holzkreuz. Ein verwelkter Kranz mit den Farben Schwarz, Rot, Gold und einer nicht mehr lesbaren Aufschrift liegt im Straßengraben gegenüber. Am Kreuz hängt ein frischer Kranz mit einer rot-weiß-roten Schleife und mit der Aufschrift: Das Österreichische Schwarze Kreuz.

»Am heurigen Fest Allerheiligen«, sagte die Tochter des längst verstorbenen Totengräbers von Pohořelice, »brann-

Neben der Landstraße 461: ein bescheidenes Holzkreuz, Herbst 1991.

te hier keine einzige Kerze, keiner legte aufs Feld einen Kranz. Nur zwei Herrn aus Österreich kamen vorbeigefahren, stiegen aus dem Auto, hängten einen Kranz auf das hölzerne Kreuz und fuhren wieder weg. Na ja, solange die Kommunisten verboten, die Ermordeten auch nur zu erwähnen, kamen die Deutschen auch bei Nacht, um ihre Toten zu ehren. Jetzt kommen sie nicht mehr. Wahrscheinlich haben sie ihre Toten vergessen.«

(Dezember 1991)

Nicht einmal einen Blumenstrauss –
Gedenkstätte für die Opfer
der Vertreibung

D ie Spuren von 47 Jahren, die in Porlitz, tschechisch Pohořelice, einer kleinen, ehemaligen königlichen Stadt südlich von Brünn, die große Geschichte von 1945 hinterlassen hat, sind bedrückend. Die Stadt macht einen Eindruck, als wäre hier der Krieg erst vor einigen Wochen zu Ende gegangen. Der verwüstete Gemeindepark wirkt mit seinen zerstörten Bänken, die aus der Zeit vor dem Krieg stammen, trist. Die Volksschule erinnert an ein Gefängnisgebäude oder an eine Besserungsanstalt. Die Statue des Rotarmisten auf dem Marktplatz vor der Kirche aus dem 13. Jahrhundert starrt gegen Westen. Die Augen des Soldaten sind aus Sandstein. »Seine Tage sind gezählt«, sagte ein Handwerker, der – am Sonntag – die Fassade eines Hauses in Ordnung brachte. Aus der Kirche hörten wir deutsche Kirchenlieder. Vor der Einweihung der ersten Gedenkstätte für Opfer der Vertreibung der Sudetendeutschen aus der Tschechoslowakei im Jahr 1945 feierten die Deutschen nach 47 Jahren in der Kirche von Pohořelice ihren ersten deutschen Gottesdienst. »Die Deutschen sind wieder zurück«, fuhr der Handwerker fort. »Aber nur für heute«, fügte er hinzu.

Es rührt sich etwas in Pohořelice. Die Menschen wachen aus ihrer Resignation auf. Neue Häuser werden gebaut, neue Geschäfte und Werkstätten werden eröffnet. Das

Städtchen an der uralten Landstraße zwischen Brünn und Wien – Napoleon zog hier in die Schlacht bei Austerlitz, später dann nach Rußland und übernachtete dreimal in der Pfarrei, wo heute in seinem Bett der Pfarrer von Pohořelice schläft – hat wieder eine Zukunft und Hoffnung. Die 890 Opfer der unglückseligen Geschichte des Jahres 1945 liegen am Rande der Brünner Landstraße auf einem Versuchsfeld des staatlichen landwirtschaftlichen Gutes begraben. Damals 1945, es war Fronleichnam, trieben die sogenannten revolutionären Gardisten die Deutschen, alte Männer, Frauen und Kinder, aus ihrer Heimatstadt Richtung Österreich. Keiner wird heute mehr erfahren, wie viele Brünner Deutsche auf den 25 Kilometern zwischen Brünn und Pohořelice am Straßenrand liegen blieben und starben oder von den revolutionären Gardisten erschossen wurden. Aus Brünn marschierten am 31. Mai 1945 an die 25 000 Deutsche los, in Österreich kamen 18 000 bis 20 000 an. Frau Maria Krejci, die mit ihrer zweijährigen Tochter den Brünner Todesmarsch überlebte, erinnerte sich: »Wer im Straßengraben vor Erschöpfung liegen blieb, wurde zusammengeprügelt oder erschossen.«

Am Abend des 31. Mai 1945 war der erste Teil des Brünner Todesmarsches zu Ende; die erschöpften Menschen konnten nicht mehr weiter. In der ehemals königlichen Stadt Pohořelice ging das große Sterben der Brünner Deutschen weiter. Sie starben an Erschöpfung, an Hunger und Durst, an Folter und vor allem an Ruhr. Der Totengräber von Pohořelice, Herr Julius Hofman, der gute Christ, der es ablehnte, die Toten in einem Massengrab zu bestatten, führte, wie es sich gehörte, über jeden Gestorbenen Buch. Ein jeder Tote bekam auch sein eigenes Grab. Kinder, die gleichzeitig mit ihren Müttern starben, kamen in ein Grab. Nach seinem in Schönschrift geschriebenen Verzeichnis könnte man von den 890 Toten, die heute unter dem grünen Weizenfeld liegen, 439 ganz sicher identifizieren. Das Totenbuch habe ich noch im Mai 1990 gesehen, heute ist es aber verschwunden. Frau Olga Říčková, die Tochter des Totengräbers, hat es vor einigen Wochen zwei »deutschen Herren« geliehen, es aber nie wieder gesehen. »Wahrscheinlich haben sie das Totenbuch meines Vaters verkauft«, sagte die Frau bitter.

47 Jahre mußten die Opfer des Brünner Todesmarsches von 1945 in der fruchtbaren Erde Südmährens vergessen bleiben. Erst am 31. 5. 1992 konnte das österreichische Schwarze Kreuz und die Kriegsgräberfürsorge am Straßenrand bei Pohořelice eine Gedenkstätte einweihen. In der Vorgeschichte dieser Gedenkstätte spiegeln sich alle nicht überwundenen, auf der tschechischen Seite bisher nicht diskutierten Fragen des schmerzhaften tschechisch-deutschen Verhältnisses vor dem Zweiten Weltkrieg, im Krieg, im tragischen Jahr 1945 und darüber hinaus auch noch die zeitgenössischen Mißverständnisse zwischen den Tschechen und Deutschen wider. Der Gemeinderat von Pohořelice hat den Bau der Gedenkstätte zwar gebilligt, aber nicht mehr den Mut aufgebracht, die Errichtung des eisernen Kreuzes an der Landstraße nach Wien mit den Bürgern zu diskutieren. Der Bürgermeister von Pohořelice, Dipl.-Ing. Vladimír Schovánek, gab die Einweihung der Gedenkstätte seinen Bürgern offiziell im »Pohořelický Zpravodaj« (deutsch »Porlitzer Nachrichten«) erst zwei Tage vor der Einweihung, zu der in der Stadt an die 250 Sudetendeutsche erwartet wurden, bekannt. In seinem Artikel schreibt der Bürgermeister vom »Marsch aus Brünn über Pohořelice, bei dem die Deutschen vom gerechten, leidenschaftlichen Zorn der tschechischen Bevöl-

kerung begleitet wurden.«Fünf Tage vor der Wahl in der
ČSFR mußte auch der Bürgermeister von Pohořelice vorsichtig formulieren; und bei der feierlichen Einweihung
ließ er sich durch den Gemeinderat, Herrn Marek, vertreten.»Hier stehe ich, und kann nicht anders«, zitierte der
böhmische Bruder und Gemeinderat Marek bei der Einweihung der Gedenkstätte Martin Luthers, und ich habe es
ihm geglaubt. Für das Sterben der Deutschen in Pohořelice
hatte der Vizebürgermeister des Städtchens aber nur eine
Erklärung: Die Brünner Deutschen mußten eigentlich nur
deswegen sterben, weil es damals keine Antibiotika und
auch keine Medikamente gab... Österreich war durch
seinen Botschafter in Prag vertreten, die Prager Botschaft
der Bundesrepublik Deutschland schickte nach Pohořelice nicht einmal einen Blumenstrauß.

Einen Tag vor der Einweihung der Gedenkstätte gingen in
Pohořelice Gerüchte um: Die Kommunisten werden am
Sonntag den 31. Mai, wenn die Überlebenden des Brünner
Todesmarsches und ihre Familienangehörigen zur Einwei-
hung der Gedenkstätte nach Pohořelice kommen, gegen
die Gedenkstätte demonstrieren. Zwei Stunden vor der
Feier auf der Brünner Landstraße besuchte ich Karel
Maršák, den Vorsitzenden der Kommunistischen Partei.
Es war klar: Die Kommunisten in Pohořelice sind mit der
Gedenkstätte für die Opfer des Brünner Todesmarsches
nicht einverstanden. »Es ist verständlich, wenn die Gedenkstätte und die deutsche Frage bei den Wahlversamm-
lungen einen Rolle spielen«, sagte Karel Maršák. – »Was
für eine Rolle?« fragte ich. – »Die Wähler sind mit der
Gedenkstätte entweder nicht einverstanden oder sie fühlen
sich vom Gemeinderat sozusagen überrumpelt. Und außerdem«, fuhr Herr Maršák fort, »liegen dort mit den
Brünner Deutschen auch zwanzig oder fünfundzwanzig

russische Soldaten begraben, die hier Ende April 1945 als
unsere Befreier gefallen sind. Aber die hat man ganz
vergessen. Und was die angeblich von uns vorbereitete
Demonstration gegen die Gedenkstätte angeht, kann ich
nur sagen: Unsinn! Fünf Tage vor der Wahl, die wir in der
Stadt gewinnen wollen, werden wir uns über den Gräbern
von 890 Menschen der Öffentlichkeit doch nicht als
Schreihälse vorführen.«
Die Kommunisten aus Pohořelice demonstrierten gegen
die Gedenkstätte nicht; die Bevölkerung von Pohořelice,
einige Neugierige ausgenommen, blieb der Feier an der
Brünner Straße fern. Politische Prominenz aus Brünn war
auch nicht anwesend. Die Einweihung war eine Angele-
genheit des Österreichischen Schwarzen Kreuzes, der
Kriegsgräberfürsorge und der Brünner Deutschen aus der
Bundesrepublik Deutschland. Aus Pohořelice kam nur die
Blasmusik in ihren farbenprächtigen südmährischen
Trachten. Noch nie vorher hat eine südmährische Blasmu-
sik »Ich hatt' einen Kameraden« gespielt.
Genosse Karel Maršák irrte: Ich habe einen halben Tag in
Pohořelice Gegner der Gedenkstätte für die Opfer des
Brünner Todesmarsches oder kritische Stimmen gegen
das Kreuz am Straßenrand gesucht und sie nicht gefunden.
Milan Navrátil, der Gemeindepolizist, Jaroslava Zubová,
die Verkäuferin im ersten »Drugstore«, Olga Říčková, die
Tochter des Totengräbers, Herr Stanislav Bělehrad, der
Rentner, der Ober im Restaurant des Hotels »Morava«,
zwei alte Frauen auf der Bank neben der Volksschule, eine
ganze Familie, die ein Haus in der sogenannten »jüdischen
Straße« baute, alle wären natürlich heute zufriedener,
wenn die Geschichte ihre Stadt mit dem großen Sterben
der Brünner Deutschen im Juni 1945 verschont hätte.
Aber alle erklärten:»Es ist gut, gerecht und christlich, daß

die 890 Toten eine Gedenkstätte haben. Die Kinder und Enkelkinder der Toten haben das Recht zu wissen, wo ihre Eltern und Großeltern ruhen.«

Nur ein junger Mann mit seinem Hund vor einem frisch renovierten Familienhaus in der Schulgasse war sehr skeptisch: »Die Geschichte spielt in unserer Stadt verrückt. Im Jahr 1945 bescherte sie Pohořelice mehr als 800 tote Deutsche aus Brünn und heute, 47 Jahre danach, segnet ein Prälat aus Brünn ein Kreuz am Straßenrand, unter dem neben deutschen Großvätern, Müttern und Kindern auch einige gefallene Russen und darüber hinaus bestimmt an die vierzig deutsche Soldaten liegen. Und morgen oder übermorgen wird hier in der Schulgasse,

Nicht mehr vergessen: eine Gedenkstätte für die stillen Toten unterm Klee.

gleich neben meinem Haus, ein Eroscenter, also im Klartext gesagt, ein Bordell für Besucher aus Österreich und aus Deutschland eröffnet. Nach mehr als vier Jahrzehnten Sozialismus fließt aus unseren Wasserhähnen verseuchtes Wasser, unser Fluß ist eine Kloake, die Stadt ist eine Halbruine, aber wir sind wieder berühmt, und zwar durch die erste Gedenkstätte an die Opfer der Vertreibung der Deutschen aus der Tschechoslowakei im Jahr 1945 und durch das erste Bordell in der fast tausendjährigen Geschichte von Pohořelice. Ich sags Ihnen, das ist von der Geschichte nicht gerecht!«

(Juni 1992)

Hotzenplotz leckt sich die alten Wunden – Impressionen aus dem mährischen Schlesien

Dem Wohltäter Dr. Adolf Lorenz« steht auf einer Gedenktafel am Marktplatz von Vidnava-Weidenau im mährischen Schlesien im Osten der ČSFR. Das macht mich neugierig: »Wer war dieser Lorenz?« frage ich einen Lkw-Fahrer. »Irgendeiner von diesen Deutschen«, erwidert der Mann, tritt mit dem Fuß gegen den vorderen Reifen seines großen Tatra und fährt in verärgertem Tonfall fort: »Wir haben hier nämlich keine Geschichte. Aber der Mensch sucht selbst in einer Landschaft, die nicht die seine ist, nach seiner vergessenen oder verschwiegenen Geschichte. Ich weiß zwar nicht, wer dieser Lorenz war, aber er gehört hierher, so soll er auch hier bleiben.«

Schlesien will zurück nach Europa, aber der Weg aus Troppau oder aus Osoblaha, deutsch Hotzenplotz, in den Westen ist viel weiter als der aus dem böhmischen Eger, Karlsbad oder Tachau. »Wir im mährischen Schlesien sind für Euroregionen«, sagt Josef Navrátil, ein pensionierter Lehrer, in Krnov-Jägerndorf, »aber wir haben, historisch gesehen, Pech. Unsere Partner in der Euroregion Schlesien sind eben nur die Polen.«

»Warum sagen Sie: nur die Polen?« Der alte Herr sieht mich streng an: »Weil unsere Partner in Europa Polen sind und keine Westler.« – »Aber Sie mögen die Deutschen doch nicht.« – »Freilich, ich mag Deutsche als Deutsche nicht, aber als Europäer akzeptiere ich sie. Die Deutschen haben viele Nachteile, aber einen Vorteil: Geld.«

Wenn über den Weg zurück nach Europa gesprochen wird, denken viele auch über eine Rückkehr der vertriebenen Deutschen nach. Für den rüstigen Rentner, der den Gehsteig vor dem Verwaltungsgebäude des Kurortes Karlova Studánka-Karlsbrunn kehrt, ist die Sache klar: »Die Deutschen beuten ihre Gastarbeiter aus, und jetzt wollen sie es auch mit uns treiben. Sie kommen zurück. Ein Halbdeutscher, der 1945 hierbleiben durfte, kauft jetzt als Strohmann fürs Geld seiner Verwandten in Westdeutschland Häuser und Geschäfte auf. Das gab es unter den Kommunisten nicht. Bald wird Karlsbrunn wieder ganz den Deutschen gehören. Aber mir kann es egal sein. Ich

Strachovičky an der polnischen Grenze: deutscher Friedhof in Schlesien.

brauche nur zwei Quadratmeter Schlesien für mein Grab.«

Doch eins hat der Rentner vergessen: In Karlova Studánka gibt es keinen Friedhof. Die tschechischen Toten werden in Vrbno in verlassenen deutschen Gräbern zur letzten Ruhe gebettet.

Der Bürgermeister von Karlova Studánka-Karlsbrunn, Luboš Novák, sieht das Problem der Deutschen differenzierter, genauer gesagt, von der wirtschaftlichen Seite: »Wenn bundesdeutsche Investoren bereit wären, eine Drahtseilbahn von Karlsbrunn auf den Altvater zu bauen oder einen ökologisch sauberen Pendelverkehr in unserem Naturschutzgebiet einzurichten, dann sind sie willkommen. Für eine westliche Bank wäre das ein lukratives Geschäft. Wir warten auf Angebote.« – »Und was für Sicherheiten können Sie westlichen Investoren bieten?« – »Eine von der Zivilisation unberührte Natur, saubere Luft und gesunde Wälder.« – »Und wem gehören die Wälder, durch die Sie die Seilbahn zum Gipfel des Altvaters bauen wollen?« Der Bürgermeister sieht mich überrascht an: »Wem sollen sie gehören, natürlich uns!« – »Und wer ist dieser uns?« – »Ist doch ganz klar und einfach: Wer sonst als wir, die Gemeinde, der Staat.«

Ganz so einfach sind die Eigentumsverhältnisse in Karlova Studánka jedoch nicht. Der Kurort, vor 200 Jahren von Deutschordensrittern aus Bruntal-Freudenthal gegr̲[...] [...]n kirchliches Eigentum. Die [...]nächst 70 000 Hektar Wal[...]kommen wird, will zwar keinen Anspruch auf Karlova Studánka und die Wälder unter dem Altvater erheben; wenn sich aber das Prager Parlament zur Rückgabe des gesamten, von den Kommunisten nach 1948 beschlagnahmten kirchlichen Eigentums durchringen sollte, dann wäre die Erzdiözese der rechtmäßige Erbe.

Der Historiker Václav Štěpán, ein Mitarbeiter des Schloßmuseums in Bruntál, hat mit den deutschen Ordensrittern in Wien, bis 1939 Inhaber des Schlosses in Bruntál-Freudenthal, Kontakte angeknüpft und privat über eine mögliche Rückkehr des Ordens nach Schlesien verhandelt. »Ich kann mir vorstellen, daß wir uns im Schloß irgendwie arrangieren könnten«, sagte Štěpán. »Ich kann mir aber nicht vorstellen, daß uns die Deutschordensritter hinauswerfen. In unser Museum ist die Arbeit von zwei Generationen tschechischer Historiker eingeflossen. Die Wissenschaftler haben gerettet, was zu retten war. Das müssen die Ordensritter respektieren.«

Und die zeigten sich in Wien bereits großzügig: An einige tschechische Hochschüler aus dem Landkreis Bruntál vergaben die Ordensritter Stipendien, damit sie auf westlichen Universitäten ihr Studium abschließen können.

Die praktische Entscheidungsgewalt über Schloß Raduň bei Troppau übt Verwalter Jiří Martínek aus, der eng mit dem Schicksal des Bauwerks und seiner Besitzer verbunden ist: Er hat Fürst Blücher, dem Inhaber des Schlosses und des Gutes, hilfreich zur Seite gestanden, als er 1949 nach England abreisen wollte. Und er war auch dabei, als am 13.5. 1945 in Raduň Hubertus Nikolaus Ernestus Gebhard Fürst Blücher-Wahlstatt umgebracht wurde. Doch die Frage, wer den Fürsten ermordet haben könnte, beantwortet er stirnrunzelnd: »Ist schon so lange her! Wahrscheinlich waren es die Russen oder sogar Deutsche, wer weiß.« Die Zeiten waren hart, und jeder versuchte, so schnell wie möglich alles zu vergessen.

Heute, in der Demokratie, ist das anders: »Unlängst wollte der junge Graf Blücher ins Schloß«, prahlte der Pförtner,

»aber ich habe ihn nicht hereingelassen!« Martínek versteht diese neue Welt nicht mehr: »Die Renovierung des Schlosses hat uns vier Millionen Kronen gekostet, und jetzt sollen wir alles zurückgeben?«

»Wer ist das, wir?« frage ich auch ihn. Genau wie der Bürgermeister von Karlova Studánka-Karlsbrunn ist er überrascht: »Wir? Wir, das sind eben wir, das Volk, die Gemeinde von Raduň!« – »Dann waren es auch die Bürger von Raduň, die das Schloß verkommen ließen?« – »Nein«, erwidert er, »das hat die schlimme Zeit auf dem Gewissen.«

Alle üblen Taten, Sünden oder Verbrechen, mit denen der Mensch nicht sein Gewissen, sondern die Zeit belastet, sind leichter zu tragen und noch leichter zu vergessen. Vergeßlichkeit scheint auch in Schlesien die wirksamste Art der Vergangenheitsbewältigung zu sein.

In einer engen Troppauer Straße in der Stadtmitte erregen eine US-Fahne, die bunte Aufschrift »Nashville-Bar« und Klänge einer Country-Musik aus Tennessee Aufmerksamkeit. »So schnell ändern sich die Zeiten«, sagt Marek Stoniš. »Meinen Sie die US-Fahne und die ›Nashville-Bar‹ mitten im schlesischen Troppau?« – »Nein«, antwortet der Jungverleger, »ich meine etwas anderes: Der Boß dieser amerikanischen Bar war noch vor drei Jahren Chef der Troppauer Geheimpolizei.«

(April 1992)

»NICHT AUS GEKLAUTEN ZIEGELSTEINEN« – DIE ZWEITE VERTREIBUNG DER EMIGRANTEN

Unlängst ging es im Prager Parlament um die Rückgabe des vom kommunistischen Staat beschlagnahmten und enteigneten Besitzes von mehr als 400 000 Tschechen und Slowaken, politischen Flüchtlingen, die in der Zeit der kommunistischen Herrschaft von 1948 bis 1989 ihr Land verlassen haben. Der Abgeordnete Ivan Fišera sagte in der Debatte: »Wir werden unser neues Haus doch nicht so aufbauen können, daß wir uns von den Emigranten die letzten Trümmer, die uns noch übrigblieben, wegnehmen lassen.« Der Abgeordnete Senjuk erwiderte: »Aber wir können unser gemeinsames Haus nicht aus geklauten Ziegelsteinen bauen!«

Das Prager Parlament hat beschlossen: Tschechische und slowakische politische Emigranten, die im Ausland leben und nicht in ihre Heimat zurückkehren, bekommen von ihrem Hab und Gut, das sie meist fluchtartig verlassen mußten, nichts zurück. Der Abgeordnete Mlynarik bezeichnete dieses Gesetz als »die zweite Vertreibung der Emigranten aus ihrer Heimat, diesmal von einem demokratisch gewählten Parlament vollzogen«.

Dieser Parlamentsbeschluß hat nur einen Vorteil: Er sorgt für Beschäftigung bei einigen Prager Advokaten, die ein großes Geschäft mit Emigranten wittern. Vor einigen Tagen bekam ich aus Prag einen Brief eines Rechtsanwalts. Er bietet mir folgende Dienste an: 1. Ich kann Ihnen, einem

Emigranten mit der Staatsangehörigkeit eines fremden
Landes, zu Ihrem in der Tschechoslowakei hinterlassenen
und vom Staat beschlagnahmten Eigentum verhelfen.
2. Wenn Sie mir eine von einem deutschen Notariat be-
glaubigte Vollmacht zuschicken, kann ich für Sie die
Rückgabe der tschechoslowakischen Staatsbürgerschaft
beantragen und auf Ihren Namen in Prag einen fingierten
festen Wohnsitz organisieren. Damit hätten Sie die vom
Parlament im September 1991 beschlossenen Vorausset-
zungen für die Rückgabe Ihres in der Tschechoslowakei
hinterlassenen Eigentums und aller Ihrer Renten- und
Erbansprüche erfüllt. Darüber hinaus könnten Sie in der
Tschechoslowakei in unbegrenzter Menge Liegenschaften
aller Art erwerben, was für Sie, wenn Sie mit Devisen
zahlen, sehr billig und günstig wäre. Wenn Sie meine im
Punkt 2 angeführte rechtliche Hilfe nicht in Anspruch
nehmen wollen, biete ich Ihnen, falls Sie als Staatsbürger
eines fremden Landes am Kauf von Liegenschaften in
Ihrer einstigen Heimat interessiert sind, meinen weiteren
Dienst an: Ich kann gegen Devisen für Sie einige schöne
Familienhäuser in der Nähe Prags oder im Böhmerwald
kaufen, allerdings müßte diese Immobilien ein verläßli-
cher Strohmann, für den ich bürge, erwerben. Mein Hono-
rar für einen solchen Kauf beträgt zehn Prozent vom
Verkaufspreis, natürlich ebenfalls in Devisen.
Die tschechischen und slowakischen politischen Emigranten sind nach mehr als vierzig oder zwanzig Jahren im Exil
meistens schon deutsche, französische, englische oder
amerikanische Staatsbürger mit allen Rechten und Pflich-
ten eines Bürgers in einer Demokratie. Nur in ihrer einstigen Heimat, aus der sie vor dem gewalttätigen kommunistischen System fliehen mußten, gelten sie als Bürger
dritter Klasse. Was ihren vom Staat enteigneten Besitz

angeht, sind sie in ihrer Heimat, die sich wieder zur Demokratie bekennt und unbedingt zurück nach Europa möchte, fast genauso dran wie die 1945 und 1946 vertriebenen Sudetendeutschen.

(Dezember 1991)

»Nach Kleinaupa kommt keiner zurück« – Ein kleines Dorf im Riesengebirge

Im Riesengebirge geschehen immer noch, genauer gesagt: jetzt wieder kleine Wunder. Zum Beispiel unlängst in Kleinaupa unter der Schneekoppe. Der Bischof von Hradec Králové (Königgrätz), Karel Otčenášek, einst politischer Häftling, schon vor Jahrzehnten geheim zum Bischof geweiht, predigte und las die heilige Messe in der Bergkirche von Kleinaupa vor mehr als hundertfünfzig Sudetendeutschen, die hier bis 1945 zu Hause gewesen waren, in deutscher Sprache. Seit der nationalen Wiedergeburt des tschechischen Volkes in der ersten Hälfte des 19. Jahrhunderts hat in Böhmen kein tschechischer Bischof deutsch gepredigt. Und das hat nach 1945 kein tschechischer Bischof den Sudetendeutschen gesagt: »Ihr seid für mich keine Fremden, sondern Schwestern und Brüder, die zurückgekehrt sind in eure Kirche, zu eurem Taufstein und zu den zerstörten Grabsteinen eurer Vorfahren.«

Rübezahl lernte Tschechisch

Als Bischof Otčenášek die Sudetendeutschen aufforderte, ihre Kirche unter der Schneekoppe wieder als ihre Heimat zu betrachten, wurde seine Stimme brüchig. Ein deutsch-tschechischer oder tschechisch-deutscher Gottesdienst war in der zweihundertjährigen Geschichte der Kirche von

Kleinaupa undenkbar. Hier, so meinten die Deutschen bis 1945, sprach und verstand Gott nur Deutsch. Und nach 1945 waren die Tschechen fest davon überzeugt, daß es im Riesengebirge seit eh und je keinen deutschen, sondern nur einen tschechischen Gott gegeben habe. Auch Rübezahl, der deutsche Berggeist aus Schlesien, mußte Tschechisch lernen, um als böhmischer Krakonoš den Kindern aus tschechischen Familien seine unglaublichen Geschichten erzählen zu können. Die Geschichte kennt aber nur eine Wahrheit: Es waren die deutschen Familien Kirchschläger, Brunnecker, Bönsch, Reuß und Sagasser, die die Gegend unter der Schneekoppe seit 1660, wahrscheinlich nicht ganz freiwi[...]ch gebeichtet, gebetet, gesu[...]

Die tragische und unglückselige Geschichte von Kleinaupa spiegelt auf dem kleinen Raum eines hochgelegenen Bergtales alle böhmischen Katastrophen der vergangenen sechs Jahrzehnte wider. Im Sommer 1938 haben tschechische Soldaten auf der Dorfstraße von Kleinaupa zwei Sudetendeutsche erschossen. Es habe sich, hieß es offiziell, um zwei bewaffnete Freischärler gehandelt. Einige Wochen später, am 20. Oktober 1938, griffen fanatisierte, diesmal tatsächlich bewaffnete Freischärler von der schlesischen, damals deutschen Seite der Grenze das tschechische Zollhaus am Grenzübergang Grenzbauden mit Handgranaten an. Das Zollhaus brannte aus, der tschechische Zollbeamte Eduard Šimon kam ums Leben. Sieben Jahre später, am 28. Mai 1945, wurde Kleinaupa von der sogenannten »Revolutionären Garde« besetzt. Als Vergeltung für den Tod des tschechischen Zollbeamten wurden in den Ruinen des Zollhauses sieben Sudetendeutsche, unter ihnen der Metzger und Gastwirt aus Kleinaupa Johann Tasler, erschossen. Ihre Leichen, erzählte eine alte Dame, die seit 1945 bei den Grenzbauden wohnt, sollen heute noch unter den Grundmauern des neuen Zollhauses liegen.

Die von Deutschen geprägte deutsche Geschichte von Kleinaupa war im Sommer 1945 zu Ende. Die letzte deutsche Messe las in der Kirche unter der Schneekoppe der letzte deutsche Pfarrer Franz Neumann im Spätsommer 1945. Die deutsche Gemeinde betete damals und bat den Allmächtigen um ein Wunder. Sechsundvierzig Jahre später betete der Sohn des sinnlos erschossenen letzten deutschen Metzgers und Gastwirtes in Kleinaupa, der Pfarrer Hans Tasler, ein Mitglied der Münchener sudetendeutschen Ackermanngemeinde, in der Kirche, in der er getauft wurde, für Versöhnung zwischen den Tschechen und den Deutschen. Nach der Messe weihte Bischof Otčenášek, von tschechischen Pfarrern begleitet, die sich seit 1945 bemühten, das kirchliche Leben in Kleinaupa zu erhalten, den noch vor einem Jahr verwüsteten Friedhof ein. Das Gemeindeamt hat es nicht geschafft, die eingestürzte Friedhofsmauer zur Feier des zweihundertsten Jubiläums ihrer Kirche wieder zu errichten. Aber das neu vergoldete Kreuz wurde rechtzeitig auf dem Friedhof aufgestellt. Der aus Gußeisen angefertigte heilige Johann von Nepomuk, der Brückenheilige aus Prag, der seit 1856 am Straßenrand vor der Kirche stehen muß, weil es hier oben keine Brücken gibt, ist immer noch verrostet. Aber der dunkelbraune Rost steht dem schweigsamen Heiligen gut, er paßt in die Landschaft.

Und wem wurde das Marterl mit abgeschlagenem Kreuz und ohne Bild am Straßenrand unterhalb des ehemaligen Gasthauses Tasler geweiht? Der Briefträger weiß es nicht, es interessiert ihn auch nicht, denn er ist mißmutig: »Jeden Tag muß ich mich hinauf in die Berge zum Briefkasten vor der Kirche hetzen. In der vergangenen Woche war nicht eine einzige Postkarte drin«, schimpft der Mann in der grauen Uniform. Er wischt sich mit dem Finger den Schweiß von der Stirn und fährt fort: »Wer schreibt schon herzliche Grüße vom Ende einer toten Welt?« – »Warum sind Sie heute gekommen? Heute, am Samstag, soll doch der Briefkasten nicht geleert werden.« – »Befehl von oben! Sie sehen es ja selbst, fast zweihundert Sudetendeutsche haben sich heute hier versammelt. Und falls sie Ansichtskarten von ihrem einstigen Zuhause nach Hause schreiben, dann will die Post sie bevorzugt befördern. Ich passe hier schon zwei Stunden auf, und es geht mir nicht in den

Unter der Schneekoppe: das war einmal Wald.

Kopf: kein einziger von den Deutschen hat eine Karte, geschweige denn einen Brief in den Briefkasten geworfen.«
Das tragische Kapitel eines abgelegenen, ehemaligen deutschen Bergdorfes scheint abgeschlossen zu sein. Die Frage
nach einem neuen Leben in Kleinaupa wagte ich nicht zu
stellen. Über die Landschaft rund um die Kirche, die
Kaiser Josef II. bauen ließ, als er mit seinem General
Gideon Ernst von Laudon durch das Riesengebirge reiste,
ist nach der Vertreibung der Deutschen auch die schlimmste Katastrophe unserer Zeit gekommen: Die Wälder unter
der Schneekoppe sind tot oder sterben.

Ein junger Förster, der in der Grenzbaude sein Vormit-
tagsbier trank, blickte böse drein und sagte: »Über Waldsterben könnt ihr im Westen reden und streiten. Wir
können darüber nichts mehr sagen, weil unser Wald ein
für allemal erledigt ist. Die kahlen Bergrücken und Abhänge haben wir mit sibirischen Birken und mit Eber-
eschen bepflanzt. Ich kann es nicht sehen! Und was die
Sudetendeutschen betrifft, so kann ich ihnen nur raten: Sie
sollen bleiben, wo sie sind, denn ihre Heimat, ihre Berge,
sind kaputt.«

Die vier oder fünf einst bestimmt noblen Hotels bei den
Grenzbauden, bis heute noch Staatseigentum, sollen pri-
vatisiert werden. Das bedeutet, sie werden versteigert. Das
Dorf quält nun die Frage: Wer wird die Hotels kaufen
wollen? Drei Interessenten, Sudetendeutsche aus Österreich und aus der Bundesrepublik, haben sich die Hotels
bereits angesehen.

»Und wissen Sie, was sie gesagt haben?« Der Förster hob
sein Glas Bier, trank es leer und wischte sich mit dem
Ärmel seinen Bart ab. »Wir können doch unseren Gästen
nicht einen Ausblick auf kahle Abhänge und auf tote
Wälder anbieten, die bei schwülem Wetter oder wenn der

Wind vom Norden weht, den Gestank aus den Chemiewer-
ken auf der polnischen Seite ausatmen; und dafür noch
Geld verlangen! Dann setzten sich die sudetendeutschen
Besucher in ihre großen Autos, fuhren weg. Ich sag's
Ihnen: Die werden sich hier, in ihrer Heimat, nie mehr
blicken lassen!« – »Und was soll aus den Hotels werden?« –
Der Mann spuckte aus und grinste: »Erholungsheime für
Kinder, die es auf der Lunge haben oder an Atemnot
leiden.«
Der tschechische Pfarrer Antonín Forbelský ist erst ein
Jahr in Kleinaupa. In die höchstgelegene Kirche in Böh-
men kamen vor einem Jahr am Sonntag höchstens zehn
Menschen zur Messe, vorwiegend Sudetendeutsche auf
Besuch in ihrer alten Heimat oder polnische Touristen,
selten Beschäftigte aus Betrieben im böhmischen Inland,
die hier in den ehemaligen deutschen Bauernhäusern ihre
sogenannten »Rekreationsobjekte« haben. Die stehen jetzt
leer.

Tote Wälder

In einer Landschaft mit toten Wäldern wollen sich die
Tschechen, die seit einem Jahr ohne Visum in ganz Europa
reisen können, nicht mehr erholen. An eine Erneuerung
des kirchlichen Lebens in Kleinaupa denkt der Pfarrer
nicht. Er will wenigstens die Kirche an Sonn- und Feier-
tagen am Leben erhalten, mehr kann er in absehbarer Zeit
nicht erreichen.
»Die Rekreationsobjekte werden jetzt an private Personen
verkauft«, erzählte der Pfarrer mit einem wehmütigen
Lächeln. »Und wenn die ehemaligen deutschen Bauern-
häuser an Menschen versteigert werden, die seit mehr als
vierzig Jahren der Kirche fernblieben, dann kann ich nicht

erwarten, daß sie sich bei ihrem Skiurlaub – im Sommer wird sich in diesen vergifteten Bergen wohl niemand aufhalten wollen – in die Kirche verirren.« – »Und wenn die Sudetendeutschen zurückkommen sollten?« – »Nach Kleinaupa kommt keiner zurück. Früher wurden Menschen von hier vertrieben, jetzt werden sie aus der sterbenden Landschaft fliehen.« – »Werden auch Sie Kleinaupa verlassen?« – »Nein, ich bleibe hier, ich werde beten und auf ein Wunder warten, auf die Auferstehung einer Kulturlandschaft. Ich habe ja Zeit genug, ich bin noch nicht dreißig.«

Die Bergkirche, den Heiligen Peter und Paul geweiht, schweigt; 1941 hat sie ihre einzige Glocke, 1791 vom Grafen Harrach gestiftet, verloren. Der Wind rauscht hier nicht, er knarrt in den trockenen Ästen, er heult leise in den hellgrauen Baumkronen, er winselt im trockenen Gras. Die Stille in Kleinaupa ist bedrückend. Die tote oder sterbende Berglandschaft wartet auf ein Wunder. Für große Wunder ist es hier aber schon zu spät. Und es wird in Kleinaupa nicht einmal ein kleines Wunder geschehen, wie damals im Spätsommer 1945, zwei Tage nach der letzten deutschen Messe: Als die Deutschen mit 20 Kilo Gepäck die staubige Landstraße hinunter ins Tal getrieben wurden, blühten die Wildkirschenbäume zum zweiten Mal in diesem tragischen Jahr rot auf. Heute gibt es in Kleinaupa keine Wildkirschenbäume mehr. Sie sind schon vor Jahren gestorben, noch vor den Tannenbäumen und Fichten.

(August 1991)

Danubius –
Gewissen eines Volkes

Im Sommer 1977, einige Monate nachdem Hunderte von Bürgerrechtlern in der Tschechoslowakei das Manifest der Charta 77 unterschrieben und veröffentlicht hatten, begann innerhalb der geistigen Opposition wieder eine Diskussion über die Vertreibung der Deutschen aus der Tschechoslowakei. Diesmal hatte sie nicht nur für viele Intellektuelle in der Opposition schlimme Folgen, sondern sie war auch durch einige Absurditäten gekennzeichnet, die heute nur in Prag über die Bühne eines totalitären Staates laufen können.

Im Jahr 1977 stellte der Historiker Jiři Příbram seine 200 Fragen zur tschechischen Geschichte seit 1945 und erwartete auch von Ján Mlynarik klärende Antworten. In einem Gespräch, an dem neben Příbram und Mlynarik auch der Historiker Sladeček und der Dramatiker Václav Havel (damals noch nicht in Haft) teilnahmen, versuchte Mlynarik, zuerst die Standpunkte der geistigen Opposition zu Příbrams Fragenkomplex abzustecken. In seiner zweistündigen Ausführung wollte Mlynarik das Problem der Vertreibung aus der tschechischen Geschichte nicht ausklammern oder vergessen; er stellte damals fest: Die Frage der Vertreibung ist zugleich ein Problem der tschechischen Vergangenheitsbewältigung, ein Punkt, an dem sich auch innerhalb der geistigen Opposition in der Tschechoslowakei die Geister scheiden werden. Diejenigen In-

tellektuellen, die 1945 noch zu jung waren, um persönlich
an der Vertreibung teilzunehmen, verurteilten sie schon vor
1968 als ein Versagen der Demokratie und als Verbrechen
gegen die Menschlichkeit. Die älteren jedoch, die im Jahr
1945 und eigentlich bis heute die Verjagung von drei Millionen Deutschen als Erfüllung einer historischen Aufgabe
betrachtet haben, wollen die verhängnisvollen Ereignisse
der damaligen Zeit als für immer abgeschlossen sehen.

Als Mlynarik zu Ende gesprochen hatte, schwiegen die
Historiker Příbram und Sládeček. Die Tatsachen, die
Mlynarik aufgezählt hatte, schienen sie benommen gemacht zu haben. Václav Havel soll damals die Stille der
kleinen Prager Wohnung mit dem Satz unterbrochen haben: »Endlich hat jemand die Frage der Vertreibung der
Deutschen richtig und deutlich formuliert.«

Im Dezember 1977 begann Mlynarik, damals Kulissen-
schieber, seine »Thesen zur Vertreibung der Deutschen
aus der Tschechoslowakei« aufzuschreiben. Als das bri-
sante Schriftstück fertig war, versteckte er es und schwieg.
Erst ein Jahr später faßte er den Mut, seine Thesen in der
tschechischen Exilzeitung »Svědectvi« (»Das Zeugnis«) in
Paris zu veröffentlichen. Interessanterweise kam die erste
Reaktion auf Danubius' Thesen – dieses Pseudonym
wählte Mlynarik für seine erste Veröffentlichung in einer
tschechischen Exilzeitschrift – nicht von der Geheimpolizei, sondern von der Gruppe der allerletzten Euro- und
Reformkommunisten im Prager intellektuellen Untergrund. Milan Hübl, einer ihrer Sprecher, griff zur Feder
und beschimpfte im Stil einer nach stalinistischem Muster
geführten Diskussion Danubius und dessen Thesen. Für
Hübl war Danubius »ein Betrüger, der mit einer theatra-
lisch schreienden Geste längst überholte Ereignisse belebt
und inszeniert«.

»Das war von Hübl nicht nur dumm, sondern gefährlich«, kommentiert Mlynarik heute Hübls »Glossen zu Danubius' Thesen«. Im Januar schaltete sich in die Suche nach dem geheimnisvollen Danubius auch die Geheimpolizei ein. Dreißig verdächtige Oppositionelle wurden verhaftet und verhört. Zuletzt blieben im Netz drei hängen: die Unterzeichner der Charta 77 Petr Uhl, der Dramatiker Václav Havel und der slowakische Historiker Mlynarik.

»Alle Verhöre habe ich mit Erfolg bestanden, das heißt, ich habe gelogen und den Polizisten, die mich in die Zange nahmen, einzureden versucht, daß ich mich nie mit der Geschichte nach 1945 beschäftigt hätte.« Heute kann Dr. Mlynarik lächeln; 1979 hatte er alles andere im Sinn.

In die Diskussion über Danubius' Thesen schaltete sich auch das Zentralorgan der Partei »Rudé Právo« ein. Die Parteizeitung wiederholte im Prinzip Hübls Argumente gegen Danubius und gegen die Thesen, bereicherte sie jedoch um die Feststellung, daß »die Chartisten für westliche Devisen den Faschismus zu rehabilitieren versuchen«. Die Exilzeitschrift »Svědectvi« erhielt zugleich eine Flut von Diskussionsbeiträgen der Euro- und Reformkommunisten aus Prag. Luboš Kohout schmähte hier nicht nur Danubius, sondern alle tschechischen Intellektuellen im Exil und auch in Prag, die es wagten, Danubius' Thesen zu bejahen. Kohout zog in den Kampf gegen »diejenigen, die die positiven Entwicklungen der sozialistischen Tschechoslowakei in Frage stellen und die beiden Grundsteine der Gesellschaft, die führende Rolle der Kommunistischen Partei und das Bündnis mit der Sowjetunion, zerstören wollen«.

»Unsere Euro- und Reformkommunisten in Prag können sich eben nicht von ihrer Apparatschik-Vergangenheit lösen, sie sind nicht fähig, über ihren Schatten zu springen.

Ich habe mich zu Hause mehrmals davon überzeugen können, daß eine Zusammenarbeit mit ihnen nicht einmal in der geistigen Opposition möglich ist. Ihre Unfähigkeit, tolerant zu sein, andere Meinungen wenigstens anzuhören, ist katastrophal.« Mlynariks Erfahrungen mit den Euro- kommunisten in der Tschechoslowakei, vor einigen Tagen im Westen veröffentlicht, werden ihm sicher weitere Ver- dammungen einbringen. Historische Tatsachen, die in den Augen der strenggläubigen Eurokommunisten und Reformmarxisten sich nicht fortschrittlich verhalten, son- dern reaktionär, sind tabuisiert.

Im März 1980 wurde Mlynarik verhaftet. Diesmal ging ein Oberleutnant der Geheimpolizei, Genosse Karban, auf Nummer Sicher: »Sie lügen, Mlynarik! Gestehen Sie, daß Sie Danubius sind, gestehen Sie, und wir lassen Ihren Sohn in den Westen ausreisen!«

Mlynarik überlegte: Die Parteizeitung hat mich mit Hilfe meiner eurokommunistischen Freunde bereits identifi- ziert. Wenn ich also jetzt gestehe, gibt es für meinen Sohn vielleicht eine Chance, sich zu retten. Mlynarik unter- schrieb das Protokoll. Nachdem Oberleutnant Karban seine Arbeit getan hatte, kam Hauptmann Milan Slavík an die Reihe, ein in der Partei geschätzter Fachmann für die Bekämpfung ideologischer Diversion und antisozialisti- scher Elemente. Laut Slavík sollte Mlynarik seine Thesen über die Vertreibung der Deutschen für Geld von der sudetendeutschen Landsmannschaft geschrieben haben, wobei hinter diesem Komplott die von Franz-Josef Strauß finanzierte sozialdemokratische Friedrich-Ebert-Stiftung deutlich zu erkennen sei. Hauptmann Slavíks Kenntnisse der westdeutschen politischen Szene schockierten den Un- tersuchungshäftling Mlynarik. Er dachte zuerst, hinter der ernsten Maske des Fachmanns für Bekämpfung der Kapi-

talisten und ihrer Helfer ein Zucken gesehen zu haben. Bald jedoch sah Mlynarik, daß der Mann es ernst meinte. »Das Hirngespinst des Hauptmanns diente jedoch einem nützlichen Zweck«, sagt Mlynarik heute. »Er wollte unbedingt Danubius, den Verräter, entlarven, einen Mann, der laut Václav Havel als erster die Charta 77 unterzeichnet hatte, und zugleich alle Chartisten in Verruf bringen.« Kurz bevor Mlynarik aus der Untersuchungshaft entlassen wurde – das Strafverfahren wurde nicht eingestellt, sondern mit Rücksicht auf die westliche Öffentlichkeit auf Eis gelegt –, hatte man ihn noch einmal zum Verhör geführt. Und da erlebte Mlynarik einen weiteren Schock. Der Geheimdienst-Offizier musterte den Häftling und sagte erst nach einigen Minuten ziemlich unsicher: »Mlynarik, Sie haben zwar gestanden, Danubius zu sein, aber Sie haben uns wieder belogen! Wir wissen jetzt ziemlich sicher, daß der richtige Danubius noch immer frei herumläuft. Sie haben Danubius nur deswegen gespielt, um, erstens, den richtigen zu decken und, zweitens, sich im Westen Ruhm zu verschaffen. Wenn wir den richtigen Danubius schnappen, erleben Sie Ihr blaues Wunder!« Mlynarik schwieg. Diesmal gab es nichts zu gestehen. »Mlynarik, Mlynarik, Sie machen uns das Leben schwer«, seufzte der Offizier und fügte hinzu: »Unterschätzen Sie uns nicht, wir kriegen die Wahrheit doch heraus!«
Einige Tage vor seiner Ausreise aus der Tschechoslowakei in die Bundesrepublik Deutschland traf Mlynarik auf der Straße seinen guten Freund Ladislav Lis, den Sprecher der Charta 77. »Ich weiß, daß du nicht der Danubius bist«, sagte Lis resolut. »Du hättest mir sonst über deine Thesen etwas gesagt. Ich sag' dir, den richtigen Danubius haben sie noch nicht geschnappt!«
Mlynarik blieb der Atem weg. Als er wieder seine Kehle

lockern konnte, verabschiedete er sich von seinem Freund
mit einem Lächeln und mit den Worten: »Liebster Ladislav, Bruder in Not, vielleicht hast du sogar recht. Vielleicht bin ich gar nicht der richtige Danubius, vielleicht
existiert Danubius im Gewissen des ganzen Volkes.«

(April 1983)

Schlechtes Gewissen, schmutzige Hände – Ein Gespräch mit Ján Mlynarik

D ie tschechische Diskussion über die totgeschwiegene Vertreibung der Deutschen fing erst 1978 an. Damals hat der Historiker Dr. Ján Mlynarik, Unterzeichner der »Charta 77« und führender Angehöriger geistigen Widerstands gegen das kommunistische System, unter dem schützenden Pseudonym »Danubius« seine »Thesen über die Vertreibung der Deutschen aus der Tschechoslowakei« in der Exilzeitschrift »Svědectvi«, (»Das Zeugnis«), veröffentlicht. Danubius hat für seine ersten offenen Worte über die Verbrechen an den Deutschen im Jahr 1945 und für seinen Versuch, sich der historischen Wahrheit über die Vertreibung zu nähern, mit Gefängnishaft bezahlt; 1982 mußte er seine Heimat verlassen und ins Exil gehen.

Sofort nach dem Sieg der sanften Revolution in Prag im Herbst 1989 kehrte Mlynarik nach Prag zurück. An der Prager Karls-Universität hält er Vorlesungen über die slowakische, jetzt nicht mehr durch die Marxisten verdrehte und verfälschte Geschichte. Der wahre Grund zur Rückkehr nach Hause war aber nicht der Ruf der Karls-Universität, sondern der eindringliche Ruf seiner Freunde aus seinem Geburtsort Novohrady in der Slowakei. Sie forderten den Historiker auf, sie und die slowakische Bürgerlich-Demokratische Partei im föderativen Parlament der Tschechoslowakei zu vertreten. Ján Mlynarik war zu Hause bekannt, auch wenn er acht Jahre im Exil verbringen mußte: Als Kommentator im »Radio Freies Europa« in München war er fast jeden Abend bei seinen Freunden wenigstens mit der Stimme anwesend; zu Hause war er nie ein Fremder geworden.

»EWIGGESTRIGE LANDSLEUTE«

Nach zwei Jahren seiner Tätigkeit, nach seinen unzähligen Duellen im Parlament, in der Öffentlichkeit und in tschechoslowakischen Massenmedien, sprach ich mit meinem Freund aus dem Exil jetzt in Prag. Der Slowake Mlynarik, der im Parlament gegen die slowakischen Separatisten kämpft und sich an Havels Seite für die Einheit der Tschechoslowakei schlägt, hat es nicht leicht. Er, ein Mann des Prager Frühlings 1968, kann und will auf Unterstützung von ehemaligen Reformkommunisten nicht hoffen, denn er hat mit der alten Garde des Prager Frühlings, die nach dem kläglichen Scheitern des Sozialismus jetzt in der Gesellschaft »Obroda« (Wiedergeburt) oder in der tschechischen Sozialdemokratie Trost und auch neue politische Karrieren sucht, ein für alle Male gebrochen. »Meine Erfahrung mit dem Kommunismus ist so drastisch, daß mich mit dem sogenannten Sozialismus nicht einmal eine naivnostalgische Erinnerung verbindet«, sagte Mlynarik, nicht erst jetzt im Prager Parlament, sondern schon vor zwanzig Jahren. Von den meisten slowakischen Abgeordneten im Prager Parlament hat er auch nicht viel zu erwarten. Mlynariks Meinung über seine »ewiggestrigen Landsleute«, über diese eigenartige Melange von extrem chauvinistischen Rechten über die Anhänger des ehemaligen Genossen Mĕciar bis zu den einstigen Kommunisten, die sich jetzt »Partei der demokratischen Linken« nennen, ist klar: »Es besteht die Gefahr, daß diese sonderbare Gruppierung, die sich immer dann zusammenfindet, wenn es im Parlament gegen Václav Havel und gegen die Einheit der Republik geht, in der Wahl im kommenden Juni in der Slowakei die Mehrheit bekommt«, sagt Mlynarik, und er fügt besorgt hinzu: »In diesem auch für die Slowaken unglückseligen Fall bekämen wir es in der Slowakei mit einer weiteren Abart von populistischem Sozialismus und mit einer tatsächlichen Bedrohung der Einheit der Föderativen Republik zu tun.«

Die deutsche Frage und die Deutschlandpolitik sind für den Historiker, den ehemaligen Exilanten in Bayern und den heutigen Parlamentarier in Prag aktueller und wichtiger denn je. »Für die Deutschen in West und Ost ist die deutsche Frage nach der Vereinigung zwar nicht ganz, doch zum großen Teil gelöst. Die Deutschen haben, und diese Tatsachen sollten endlich auch unsere Ewiggestrigen wahrnehmen, eine Demokratie aufgebaut, von der wir heute nur träumen können. Ich als Politiker vertraue der deutschen Demokratie, ich sehe in ihr keine störenden Momente. Ganz anders fassen die deutsche Frage viele unserer Bürger auf. Die Deutschen sind für sie eben ein Trauma. Und wenn man bei uns über Deutsche und über Deutschland spricht, dann ist es für jeden Tschechen und Slowaken ein permanentes Duell mit unserer Vergangenheit über einen Zeitraum von mehr als fünfzig Jahren. Und nicht zu vergessen: Unmittelbar an die deutsche Okkupation unserer Länder knüpfte die vierzigjährige kommunistische Besatzungszeit an.«

Mlynarik sagt Sätze, die Tschechen weh tun. Er erwähnt einige bis heute immer noch tabuisierte Tatsachen aus der tschechischen Zeitgeschichte, für die sich die Generation seiner Väter und auch die, die heute älter als vierzig sind, schämen müßten: »Ein Volk mit einer der modernsten Armeen der Welt hat sich und seine Freiheit in den drei Jahrzehnten zwischen 1938 und 1968 dreimal gegen den Aggressor nicht verteidigt, wir haben, ohne einen einzigen Schuß abzugeben, dreimal kapituliert! Kann sich jemand überhaupt vorstellen, welche tiefen Spuren ein solches Versagen im Bewußtsein und im Denken des Volkes hinterläßt?« Er fährt in seinen Überlegungen fort: »Auch kleine demokratische Völker, wie zum Beispiel die Holländer, die Belgier, die Dänen und andere, haben sich mit ihrem, wie ich es nenne, ›Gestapismus‹ auseinandergesetzt, nur wir Tschechen und Slowaken nicht. Im Jahr 1945 glitten wir ganz einfach aus dem braunen Totalitarismus in seine rote Abart.«

HASSERFÜLLTE BRIEFE VON ALTEN

Das war schlimm genug, für den Historiker waren einige Tatsachen noch schlimmer: Über die deutsche Frage wurde in der Tschechoslowakei vierzig Jahre offiziell geschwiegen; die Historiker gaben sich keine Mühe, die tschechisch-deutschen Beziehungen, wenn schon nicht ins richtige, dann wenigstens in ein nicht durch Ideologie getrübtes Licht zu rücken. Über die Grausamkeiten bei der wilden Vertreibung der Deutschen, vor allem von Anfang Mai bis August 1945, wurde hartnäckig geschwiegen; bis heute kennen die Tschechen und Slowaken nicht die volle Wahrheit über die Vertreibung von 3,5 Millionen Menschen aus ihrer Heimat. Die Mehrzahl ist fest davon überzeugt, daß die Sudetendeutschen keinen Grund haben zu klagen.
Mlynarik fährt fort: »Die ältere Generation, die direkt an der Vertreibung beteiligt war, entschuldigt Verbrechen

und Vertreibung mit einer kollektiven Schuld: Für Hitler und Henlein war ein jeder Sudetendeutscher persönlich verantwortlich. Die alten Haudegen, Revolutionäre Gardisten aus dem Jahr 1945, die blutige Hände haben, versuchen jetzt, ihr schlechtes Gewissen und ihre Erinnerungen mit lautem Geschrei zu verscheuchen. Ich bekomme von diesen Leuten Hunderte haßerfüllte Briefe. Ich versuche allen, die auch im Alter ihren Haß noch nicht ablegen wollen, zu antworten und rate ihnen: ›Füttert lieber Tauben oder schreibt Eure Memoiren, aber gebt der jungen Generation keine Ratschläge, wie sie ihr Verhältnis zu den Deutschen klären, ordnen oder bewältigen soll. Ihr habt von 1945 bis 1989 alles kaputtgemacht, was in der Republik kaputtzumachen war. Ihr habt also kein Recht, der Jugend in ihr Leben und in ihre Zukunft hineinzureden und mit eurem primitiven chauvinistischen Gerede der Generation nach euch das Verhältnis zu den Deutschen und zu der deutschen Demokratie zu vermasseln.‹ Der künstlich wiederbelebte antideutsche Chauvinismus in der Tschechoslowakei«, so Mlynarik, »schöpft aus den tiefen Quellen der Unwissenheit über die historischen Tatsachen und auch aus dem schlechten Gewissen. Die Betroffenen wissen es, aber sie sagen es nicht: Wir haben die Sudetendeutschen nicht nur vertrieben, wir haben sie auch getötet, und alles, was ihnen seit Generationen gehörte, haben wir geraubt.«

DEMAGOGEN AUF STIMMENFANG

Den neuen deutsch-tschechischen Vertrag betrachtet Mlynarik als Meisterstück der tschechischen Diplomatie. Aber viel wichtiger ist für ihn, daß tschechische und deutsche Politiker heute unbefangen und offen miteinander reden und alle Probleme, wenn nicht gleich, dann in absehbarer Zukunft lösen können. Mlynarik beunruhigt heute eines: Die Angst vor den Deutschen und vor allem vor den Sudetendeutschen ist jetzt in der Tschechoslowakei wieder aktuell. Ideologische Demagogen haben wieder Hochsaison. Drohende Arbeitslosigkeit und sinkender Lebensstandard machen die Bürger unsicher. Es genügt, wenn irgendwo im ehemaligen sudetendeutschen Grenzgebiet ein Demagoge auf Stimmenfang für die tschechische KP auftaucht und den Menschen Horrorgeschichten vom »Ausverkauf der Republik an böse Sudetendeutsche« und von der »schleichenden Germanisierung« erzählt und schon regt sich die verschüttete Angst vor den bösen Deutschen. Mlynarik ist, wenn er an die Zukunft denkt, dennoch Optimist: »Das künstlich erzeugte deutsche Gespenst hat keine Chance. Es ist zwar heute für meinen Geschmack und für unsere noch nicht ganz gefestigte Demokratie ein wenig zu laut, aber sein Atem ist kurz, und er wird mit der fortschreitender Genesung der tschechoslowakischen Gesellschaft immer kürzer.«

Vorläufig ist die Lage aber nicht so rosig, wie sie Mlynarik sehen will. In Prager Zeitungen werden immer wieder Schreckensnachrichten gedruckt: »Sudetendeutsche kommen zurück!« »Mercedes kauft Avia, wer kauft uns?« »Die Deutschen gehen zur Offensive über«. »Es ist schade« sagt Mlynarik ein wenig enttäuscht, »daß die Sudetendeutsche Landsmannschaft nicht einmal in der deutschen Presse die deutsche Öffentlichkeit über ihre Politik gegenüber den Tschechen informiert. Oder werden Sudetendeutsche auch von der deutschen Presse ignoriert? Warum erklärt die deutsche Botschaft in der Tschechoslowakei der Prager Presse nicht, daß Sudetendeutsche überhaupt nicht im Sinn haben, tschechische Familien zu verjagen und daß sie sich, falls überhaupt einige zurückkommen sollten, mit Ersatzgrundstücken, die im Grenzgebiet brachliegen, zufriedengeben würden? Warum sollten sudetendeutsche Unternehmer nicht bei uns investieren und Eigentum erwerben können?« Mlynarik führt ein erschütterndes Beispiel an: »Auf dem Gebiet von 1300 zerstörten Dörfern im ehemaligen Sudetenland wächst heute nur Unkraut. Warum bekommen Sudetendeutsche nicht die Chance, die seit 1945 von uns verwüstete Landschaft wieder zu kultivieren?«

(April 1992)

SUDETENDEUTSCHE – EINE NICHT MEHR VERSCHWIEGENE MINDERHEIT

D er Begriff Vergangenheitsbewältigung, seine Bedeutung, wie sie in der deutschen Sprache seit dem Ende des Zweiten Weltkrieges verstanden wird, kann ins Tschechische nur mit einer Umschreibung übersetzt werden. »Das Zeitwort ›bewältigen‹ oder das Hauptwort ›Bewältigung‹ hat für mich in der deutschen Sprache immer etwas mit einem gewalttätigen Vorgang, so zum Beispiel mit ›überwältigen‹ zu tun gehabt«, sagte ein tschechischer Historiker. »Erst wenn wir das deutsche Verb überwältigen ins Tschechische übersetzen«, fuhr der Historiker fort, »kommen wir der Bedeutung und dem Sinn der deutschen Vergangenheitsbewältigung näher. Unser Problem mit der Vergangenheitsbewältigung ist anders, wir haben nämlich die Schattenseiten unserer Geschichte von 1938 bis 1989 noch nicht bewältigt, sondern bisher nur überwältigt, k. o. geschlagen oder totgeschwiegen.«

Einen Versuch, die tschechisch-deutsche Vergangenheit, das Schicksal der deutschen Minderheit in der ČSFR, nicht zu überwältigen, sondern zu bewältigen, unternahm kurz vor Ostern die tschechische Bernard-Bolzano-Stiftung, der Herausgeber der deutschsprachigen »Prager Zeitung«, mit der Münchener sudetendeutschen Ackermann Gemeinde. Die historische Bühne für das erste offene Gespräch über die verschwiegene deutsche Minderheit in der

ČSFR konnte nicht besser gewählt werden: die mährische Stadt Iglau.

Vom Mittelalter bis 1945 war Iglau das wirtschaftliche und kulturelle Zentrum der Iglauer deutschen Sprachinsel, die es nicht mehr gibt. Sie ist heute in Mähren vergessen. Auch die Stadt Iglau gab sich in den vergangenen 45 Jahren bewußt vergeßlich; aber fast alle Iglauer älterer Jahrgänge wissen heute noch genau, was vergessen, verschwiegen, totgeschwiegen oder ganz einfach nicht erwähnt bleiben muß: Die sinnlos grausame Vertreibung der Deutschen aus der Stadt im Jahr 1945.

Aus der Iglauer Sprachinsel wurden in den Jahren 1945 bis 1946 an die 34 000 Deutsche vertrieben; heute leben in

Jihlava-Iglau: Mauer vor der St.-Jakobs-Kirche.

der Stadt nur noch 158 Bürger, die sich als Deutsche bekennen.

Ein alter Herr auf der Bank unter der Mariensäule am Marktplatz, vor 45 Jahren ein junger »Revolutionärer Gardist«, erinnerte sich: »Damals, im Frühling 1945, haben wir Iglau von den Deutschen gesäubert.« – »Was bedeutete das, Iglau von den Deutschen zu säubern?« – »Wir haben sie auf dem Sokol-Platz versammelt und eines Tages marschierten sie heim ins Reich Richtung Österreich los.« – »Ein Zeuge, Herr Otto Handl, der damals dabei war, erzählte mir von einem Todesmarsch.« Der alte Herr holte tief Atem, zündete sich eine Zigarette an, er machte ein besorgtes Gesicht und wird plötzlich vergeßlich: »Es ist schon so lange her, ich kann mich nicht mehr erinnern. Und es ist besser, Gras darüber wachsen zu lassen.«

Bei dem Iglauer Treffen der tschechischen Politiker und Historiker mit den Vertretern der Prager Bernard-Bolzano-Stiftung, mit der sudetendeutschen Ackermann Gemeinde, und – vor allem mit der verschwiegenen heimatverbliebenen deutschen Minderheit in der ČSFR, ging es um die bisher nicht bewältigte tschechisch-deutsche Geschichte des vergangenen halben Jahrhunderts. Es war zum erstenmal, daß ein stellvertretender Ministerpräsident der ČSFR, in Iglau war es Josef Mikloško, deutsch vor den Deutschen offen über das gegenseitige Mißtrauen sprach. Jaroslav Šabata, der tschechische Minister und Vorsitzende der Bernard-Bolzano-Stiftung, will der deutschen Minderheit in der ČSFR helfen; neun Begegnungsstätten für Deutsche sollen demnächst in Böhmen und Mähren eröffnet werden. Für ihre Ausstattung müssen jedoch Geldgeber aus der Bundesrepublik Deutschland sorgen, denn Minister Šabata und sein Premierminister

Petr Pithart haben zwar einen überzeugend guten Willen der deutschen Minderheit zu helfen, aber kein Geld. Der Vorsitzende der Ackermanngemeinde, Herbert Werner, bezeichnete die Deutschen in der ČSFR als eine zu lange verschwiegene Minderheit, die jetzt eine Chance zum Überleben bekommen muß. Aber: die Deutschen in der ČSFR sind heute nur ein Teil des bundesdeutschen Problems mit mehr als 3 Millionen Deutschen, die von Eger bis nach Kasachstan in elf europäischen Staaten zerstreut leben.

Auf die Frage: Wie viele Deutsche leben heute in der ČSFR? gab es in Iglau zwar viele Antworten, dennoch keine genaue. Der tschechische Historiker Dr. Tomáš Staněk hat heute Zugang zu den noch vor drei Jahren geschlossenen oder geheimen Archiven; seine Angaben sind höchstwahrscheinlich der Wirklichkeit sehr nahe. Im wesentlichen decken sie sich mit Zahlen, die Herbert Werner, der Vorsitzende der Ackermann Gemeinde, anführte: Im Jahr 1940 lebten in den Sudeten 3 332 000 Deutsche. Nach der »wilden« Vertreibung von Mai bis August 1945 und am Ende der organisierten Vertreibung lebten 1947 in der damaligen Tschechoslowakei noch an die 250 000 Sudeten- oder Karpatendeutsche, Bürger ohne Bürgerrechte, eine Minderheit ohne Schulwesen, ohne eigene Intelligenz, alles nur billige Arbeitskräfte in der Landwirtschaft und Industrie, Bürger dritter Klasse, zum Aussterben bestimmt. Bei der Volkszählung im Jahr 1961 meldeten sich zur deutschen Nationalität nur noch etwas über 140 000 Personen; die meisten wurden im Jahr 1953 gegen ihren Willen oder ohne überhaupt gefragt zu werden zwangsweise als Tschechoslowaken eingebürgert. Bruno Köhler, ein sudetendeutscher Stalinist, Mitglied des ZK der KP in Prag, erklärte Anfang der sechziger Jahre: »In der sozialistischen Tschechoslowakei gibt es keine deutsche Minderheit mehr.«

Aber es gab sie.

In der kurzen Zeit des Prager Frühlings 1968 versuchten einige Deutsche das Unmögliche, nämlich die Wiedergeburt einer totgeschwiegenen, eingeschüchterten, mit Gewalt proletarisierten Minderheit. Nach dem Scheitern des Prager Frühlings im Jahr 1969 wurde der deutsche »Kulturverband« gegründet. Mit seinen 6000 Mitgliedern in 60 Ortsorganisationen hat der von einem deutschen Stalinisten geführte Verein nur eine Aufgabe glänzend erfüllt: Er hat die deutsche Minderheit unter Kontrolle gehalten und eine jede, auch nur kulturelle Aktivität, im Keim erstickt oder unterdrückt. Bei der Volkszählung im Dezember 1971 bekannten sich zur deutschen Nationalität nur noch 85 000 Bürger. Die letzte Volkszählung, sie fand im März 1991, also schon nach der Wende statt, war für die Angehörigen der deutschen Minderheit in der ČSFR die große Enttäuschung: Nur noch 53 500 Bürger meldeten sich in der ganzen ČSFR zur deutschen Nationalität. In der Slowakei kam es aber fast zu einem Wunder: Dort stieg im Vergleich mit der Volkszählung im Jahr 1970 die Zahl der Karpatendeutschen um mehr als neunzig Prozent...

Der Abgeordnete im Prager Parlament für die deutsche Minderheit, Walter Piverka, erklärte das bedrückende Ergebnis der letzten Volkszählung mit der Angst, die den Deutschen in der ČSFR immer noch im Kopf steckt: »Die Schatten der Vergangenheit sind zu deutlich. Viele Deutsche haben noch 1991 Angst gehabt, sich als Deutsche zu bekennen. Die verschwiegene Minderheit schwieg lieber weiter. Keine tschechische politische Partei nimmt sich der Minderheiten, geschweige denn der deutschen Minderheit, an. Man möchte uns auch jetzt, natürlich nicht mehr mit brutalen, sondern mit sanften Mitteln langsam aussterben lassen.«

Über die Angst der Deutschen in der ČSFR, über die plötzlich und unerwartet wieder belebte antideutsche Hysterie, über die von den Kommunisten künstlich geschürte Angst der Tschechen vor einer neuen, diesmal »wirtschaftlichen Germanisierung« des Landes, sprach Frau Dora Müller aus Brünn. Aber sie las auch den Deutschen die Leviten und erinnerte sie an Tatsachen, die von den Sudetendeutschen zu oft vergessen oder verdrängt werden: »Nach Hitlers Machtübernahme im Jahr 1933 war die Tschechoslowakei, trotz aller Fehler, die dieser Staat hatte, in Mitteleuropa die einzige Demokratie. In der Tschechoslowakei fanden bis 1939 deutsche Demokraten, Intellektuelle und Künstler, die Hitlers Deutschland verlassen mußten, Rettung. 1938, als Hitler die Sudeten besetzte, kamen an die 30 000 sudetendeutsche Sozialdemokraten ins KZ. Viele sudetendeutsche Demokraten flohen vor den Nazis in die Rest-Tschechoslowakei, wo sie aufgenommen und somit gerettet wurden.«

Für einen peinlichen Zwischenfall sorgte ein junger deutscher Hitzkopf aus Pilsen. Die Tatsache, daß er ein miserables Deutsch sprach, geht zu Lasten des in der ehemaligen sogenannten sozialistischen Tschechoslowakei ungenügend organisierten Deutschunterrichtes und der Angst seiner Eltern mit ihm, dem verspäteten patriotischen großdeutschen Pseudoromantiker, zu Hause deutsch zu sprechen. Der junge Mann erklärte die erneuerte tschechische Demokratie kurzerhand für einen postkommunistischen Staat. Er und seine »Vereinigung der Deutschen in Böhmen« sehen sich von tschechischen Hetzern umgeben, bedroht und angegriffen. Aber von nun an will er sich den tschechischen Verleumdern und Beschmutzern entgegenstellen. Als der junge Mann aus Pilsen das Rednerpult verließ, atmeten alle erleichtert auf.

Prof. Jan Křen von der Prager Karls-Universität, ein Kenner der tschechisch-deutschen Geschichte und ihrer tragischen Seiten, sieht in der französisch-deutschen Versöhnung kein Modell für die heutigen und zukünftigen tschechisch-deutschen Beziehungen. »Wir fangen mit der Versöhnung mit einer vierzigjährigen Verspätung an«, sagte Prof. Křen. »Und es sind noch weitere Unterschiede zwischen der deutsch-französischen Versöhnung und unserem Versuch, sich zu versöhnen, zu verzeichnen: Die sozialen Unterschiede zwischen der ČSFR und der Bundesrepublik Deutschland sind heute zu groß, der tschechisch-deutsche Konflikt ist viel härter und unbarmherziger gewesen, als die Feindschaft zwischen Frankreich und Deutschland. Und wir müssen uns heute nicht nur mit der braunen, sondern auch mit der roten Diktatur auseinandersetzen.« Prof. Křen verwendete nicht den deutschen Begriff »Vergangenheitsbewältigung«; er sprach ihn nur einmal in einem anderen Zusammenhang aus: »Die Art und Weise, wie die Deutschen ihre Vergangenheit bewältigt haben, betrachte ich als eine der größten europäischen geistigen Leistungen der Nachkriegszeit.« Und Křens Worte über die Vertriebenen: »Wie tragisch haben sich unsere Wege getrennt! Bis ins Jahr 1938 war die Tschechoslowakei die einzige Demokratie östlich von Frankreich, aber die Sudetendeutschen wollten unbedingt heim ins Reich, in eine braune Diktatur. Und als sie durch ihre schreckliche Erfahrung mit Hitler, mit den Nazis und mit dem Zweiten Weltkrieg 1945 wieder lieber heim in die Tschechoslowakei zurückkehren wollten, war es für eine Rückkehr leider schon zu spät.«

Dr. Václav Houžvička vom Soziologisch-ökonomischen

Institut der Tschechischen Akademie in Aussig las aus
seiner Studie über die zeitgenössischen tschechisch-deutschen Beziehungen einige nicht erfreuliche Tatsachen vor:
»Mehr als zwei Drittel der tschechischen Bevölkerung in
den ehemaligen Sudeten findet die Vertreibung der Deutschen richtig, auch wenn 12% der Meinung sind, daß die
Vertreibung ungerecht war und zu brutal durchgeführt
wurde. Nur 3,4% von den Befragten würden die Rückkehr
der Sudetendeutschen in ihre alte Heimat begrüßen. Mehr
als ein Viertel konnte auf diese Frage weder mit Ja noch
mit Nein antworten. Der Rest ist gegen eine Rückkehr der
Sudetendeutschen. Auf die Frage: Sollen wir uns für das
Jahr 1945 bei den Sudetendeutschen entschuldigen?, ant-
worteten 23,6% mit Ja, 48,3% mit einem eindeutigen
Nein.«
Auf Entschuldigungen hat in Iglau keiner gewartet, und
sie wurden auch nicht ausgesprochen, denn mit Entschuldigungen allein ist nichts getan. Die bisher verschwiegene
deutsche Minderheit braucht Hilfe, vor allen deutschspra-
chige Schulen. Aber das Problem der deutschen Schulen
für 55000 Bürger, die sich als Deutsche bekennen, oder
für weitere 20000, die sich bisher aus Angst nicht als
Deutsche bekennen wollten, liegt in der Tatsache, daß die
deutsche Minderheit in der ganzen ČSFR zerstreut lebt.
Für wen und warum sollte man z. B. in der slowakischen
Stadt Kežmarok, deutsch Käsmarkt, oder auch in Iglau
eine deutsche Volksschule einrichten, wenn in den beiden,
vor 1945 vorwiegend deutschen Städten, heute etwas
mehr als 300 Deutsche leben?
Der tschechische Minister, zuständig für die Minderheiten, Jaroslav Šabata, ein Mann der Vernunft und des
Ausgleichs, stellte in Iglau fest: »Von nun an gibt es in der
ČSFR keine verschwiegene deutsche Minderheit mehr.«

Das klang zwar hoffnungsvoll, dennoch ist für Šabata das Problem der bisher verschwiegenen deutschen Minderheit noch längst nicht gelöst: »Wie kann der tschechische Staat den seit 1947 schon mehrmals totgesagten Patienten, der verschwiegenen deutschen Minderheit, zu einer Auferstehung verhelfen?«, fragte der Minister.

Eine klare Antwort auf Šabatas Frage wurde in Iglau zwar nicht gefunden, aber schon die Tatsache, daß Tschechen von Rang und Namen, Politiker und Historiker, offiziell im Auftrag der Regierung mit den Deutschen und mit der verschwiegenen deutschen Minderheit offen über ihre Auferstehung und über ihre Zukunft in der erneuerten tschechisch-slowakischen Demokratie sprachen, war nach vier Jahrzehnten des Schweigens, des Verschweigens und Totschweigens eine hoffnungsvolle Antwort.

(April 1992)